レキシカル・グラマーへの招待

新しい教育英文法の可能性

開拓社
言語・文化選書
9

レキシカル・グラマーへの招待

新しい教育英文法の可能性

佐藤芳明・田中茂範 著

開拓社

はしがき

　文法の役割をどう捉えるかは，英語教育の重要な争点です。文科省が出している学習指導要領（2008）の新旧対照表を見ると，中学校外国語（英語）新指導要領では，文法指導について三つの新しい視点が加えられています。第一に，「文法については，コミュニケーションを支えるものであることを踏まえ，言語活動と効果的に関連付けて指導すること」と記されています。これまで風潮としては，文法よりもコミュニケーションを重視した指導を求めるという傾向がありましたが，新指導要領では「文法かコミュニケーションか」ではなく，「文法はコミュニケーションの基盤である」という文法観と，文法は言語活動というタスク・ハンドリングのためのものでなければならないという見方が示されております。第二に，文法の指導に際しては，「用語や用法の区別などの指導が中心にならないように配慮し，実際に活用できるように指導すること」が強調されると同時に「語順や修飾関係などにおける日本語との違いに留意して指導すること」と述べられています。ここでも「使える」ということが強調されると同時に，言語的な気づきを高める（awareness-raising）の工夫の必要性が示されています。そして，第三に，「英語の特質を理解させるために，関連のある文法事項はまとまりをもって整理するなど，効果的な指導ができるように工夫すること」が指摘されています。ここでは，文法は体系であり，項目が相互にネットワーキングし合ったとき，本来の文法の姿が見えてくるということが示唆されています。

　ここで示された三つの視点は，英語教育的にきわめて健全な見方であるといえましょう。しかし，問題は，「文法」というコトバが指す対象が何であるか，にあります。新指導要領では「工夫すること」という文言があるように，従来の英文法（指導）のあり方を再考

することが求められているのです。

　本書の内容は，英文法の再編成という課題を意識して執筆したものです。ここで展開している文法のことを「レキシカル・グラマー (lexical grammar)」と呼んでいます。その前提は，「語彙に文法情報が含まれる」あるいは「語彙と文法は相互依存的である」というものです。たとえば「関係詞節」という文法項目を「who や which という語彙項目の使用」という観点から捉えることが可能でしょう。同様に「現在完了形」という文法項目を「have の拡張使用」として捉えることも可能です。レキシカル・グラマーの視点を取り入れると，「所有」の have と「完了」の have の間にどういう関係があるのか，have は「使役（させる）」「被害（される）」「受益（してもらう）」といった異なった用法を示すのはなぜか，などといった問いかけを行うことが可能となるのです。そして，「語彙項目の構文可能性に注目しつつ，その原理的な説明を行う」ということが私たちの主眼です。たとえば，have は「使役」だけでなく「被害」「受益」を表す構文にも使われますが，その関連性 (networking) を原理的に説明しようとすれば have の本質的な意味としてのコアに注目する必要があるというのが本書での論点となります。

　本書で展開するレキシカル・グラマーは，筆者たちが編集に参加した文科省検定教科書で 2007 年に導入されており，高校現場ではすでにある程度知られている考え方です。また，大修館『英語教育』誌で 2007 年の 4 月から 2008 年の 3 月までの 1 年間，「コア理論で文法指導を」というタイトルで連載し，その考え方を英語教育関係者に紹介しました。さらに，2007 年の 4 月から 9 月まで NHK 番組『新感覚☆わかる使える英文法』が放映され，そこでもレキシカル・グラマーの考え方に基づいた英文法を一般に広く紹介しています。本書は，そういったこれまでの経緯を踏まえつつも，これまでにはなかった包括性を伴う形でその可能性を全面的に展開したものです。

　一昨年，開拓社の川田賢さんから「『英語教育』誌の連載をぜひ

単行本に」というお誘いを受けました。連載記事の内容は活かしつつも，実質的には，書き下ろしという形での作業になりました。共著者という形になっていますが，役割としては，佐藤が事例編を執筆し，田中が総論編の執筆および全体の監修を行うという分担を行っています。川田賢さんには，本書製作の全工程において的確なアドバイスをいただき，広い層の読者の方々に読んでいただけるような本作りを実現することができたと思っております。ここに心よりお礼を申し上げます。

2009 年 1 月

著　者

目　次

はしがき　*v*

I　総論編 ……………………………………………… *1*

はじめに　*2*
新しい英文法の必要性　*4*
旧来の学校英文法の問題点　*6*
認知的スタンスとは　*8*
新しい教育英文法の構築に向けて：文法力の捉え方　*9*
レキシカル・グラマーの考え方　*11*
コアとは何か　*12*
レキシカル・グラマーが説明する BE の振る舞い　*14*

II　事例編 ……………………………………………… *17*

1　BE, HAVE と「進行形」「受身形」「完了形」「アスペクト」　*19*

2　GIVE と「二重目的語構文」 ……………………………… *35*

3　MAKE, HAVE と「使役構文」 …………………………… *47*

4　BE と「第 2 文型」 ………………………………………… *59*

5　GET と「構文」の幅 ……………………………………… *71*

6　TO と「不定詞」 …………………………………………… *76*

7　ING と「現在分詞」「動名詞」 …………………………… *85*

8　WH- と「疑問詞」「関係詞」 ……………………………… *100*

9	A, THE と「冠詞」の使用原理	*113*
10	IT, THAT と「形式主語［目的語］構文」「強調構文」「接続詞」「関係詞」	*125*
11	CAN, MAY, MUST, SHOULD と「法助動詞」	*139*
12	WILL と「未来の表現」	*164*
13	WOULD, USED TO と「過去の習慣」	*174*
14	FOR, OF と「意味上の主語」	*179*
15	WITH と「付帯状況」	*192*
16	前置詞と「感情表現」	*197*
17	AS と「比較」	*205*

あとがき ……………………………………………… *217*

参考文献 ……………………………………………… *221*

索　引 ………………………………………………… *223*

I

総論編

はじめに

　母語 (mother tongue) であれば，誰でも知らず知らずのうちに文法力を獲得していく。自然に獲得される文法力は，暗黙知としての言語直観とでも言うべきものであり，いわゆる「規則の集合」としての知識ではない。したがって，ネイティブ・スピーカーが文法の説明を求められても，明示的に答えられないのがふつうである。しかし，文法力が明示的には把握し難い直観だとしても，ある言語を自然に話す人がその文法を内在化しているということは疑いがない。だとすると，外国語学習において文法学習は不可欠なものだということになる。

　文法の指導に関しては，見解を異にするいくつかの立場がある。単純化してしまえば，次の三つの立場を認めることができよう。第一に，言語習得において重要なのはインプットとコミュニケーション活動であって，文法の指導ではないという立場――文法の指導に否定的な立場――がある。これは，よく日本などで英語を教えているネイティブ教師の多くが共有している立場である。これは，典型的には，「文法をやっても会話はできない」という文法批判と繋がっている。第二に，文法の必要性は認めるが，文法に特化した指導を明示的・体系的に行うことには消極的であるという立場がある。この立場では，あくまでもタスクを中心に行い，タスクの遂行において必要な特定の文法・構造に対して学習者の注意を向けさせる工夫を行うということに留まる。この立場は，第二言語習得 (SLA) 研究分野で比較的広く支持されている考え方である。そして，第三に，言語の本質は文法であり，文法を体系的に指導すべきであるという立場がある。これは，言語学者にとっては当然の理であり，日本人英語教師の多くがおそらく支持している立場であると思われる。われわれもこれらの中では第三の立場を支持する。

　わが国の英語教育分野においては，「文法訳読方式」という表現があるように，伝統的には文法を中心にしたシラバス編成が行われ

てきたという経緯がある。その後，いわゆるコミュニケーション力重視の考え方が優勢になると，シラバスの編成原理も文法・構造から意味・機能へとシフトするという流れが強くなる。しかし，コミュニカティブな英語教育をしばらく実践した結果，その成果はどうかといえば，期待された水準を満たしているとは言い難いというのが現状である。そこで，最近では，振り子が戻り，再び文法への関心が高まりつつある。

文法力は英語力の要となる。しかし，母語における文法力の獲得のように自然にまかせていては，英語力を支える文法力は身につかない。文法力の自然な獲得が可能であるかどうかは，年齢や学習環境を変数にして変わる。わが国のような学習環境において英語を学習する場合，自然に文法力が身につくということは年齢に関係なく考えにくい。language exposure（インプット）と language use（言語使用）が質量ともに欠けており，インプットとコミュニケーション活動を行うだけでは英語学習を保証することができないからである。

だとすると，当然の帰結として，文法は言語の本質なのだから，文法を体系的に指導すべきであるという上記の第三の立場が妥当ということになる。がしかし，「文法を指導すべき」という場合，WHAT と HOW の問題が出てくる。つまり，「文法」というコトバで何を指すのかというのが WHAT であり，それをどうやって指導するのかが HOW にあたる。

WHAT については，これまで長らく「学校英文法 (school English grammar)」として多くの英語教育関係者に共有されてきたコンテンツがある。文部科学省が示す「指導要領」も，おおむね，その「学校英文法」の枠内で文法指導の内容を決め，それが文法指導の指針になってきているということは否めないと思われる。HOW については，わが国では，訳読をしながら必要な文法事項について説明するというやり方と，英文法を独自に徹底的に教えるというやり方が考えられる。しかし，いずれにせよ，WHAT と HOW の両

方について，多くの学習者そして教師が不満を抱えているのが現実であり，それらを抜本的に見直す必要があると判断せざるを得ない状況にある。そこで，英文法は英語教育において不可欠だが，そのコンテンツと指導法については再考すべきであるということになるのである。

新しい英文法の必要性

私たちが生きる今日，英語は，国際語としての位置を確立しており，「英語は使えて当たり前」という風潮が国際的に強くなってきている。このことは，日本でも同じである。日本の中学校に入学した1年生のほとんどが，英語に興味を持ち，話せるようになりたいという願望をもっているらしい。しかし，国立教育政策研究所によるある調査によると，中学校の3年生にとって「どの教科が一番むずかしいか」という問いに対して，「英語」が筆頭に来ている。「むずかしい」ということは「わからない」ということだが，それと同時に，英語がむずかしいと感じる生徒の8割以上が，「それでも英語は必要だ」という判断をしているという報告は注目すべきである。

「英語はむずかしい」と判断する際の最大の要因は「英文法」にある。一言でいえば，「文法がむずかしいから英語がむずかしい」ということになる。確かに，「助動詞」という用語を一つとっても，can や will も助動詞なら，一般動詞の否定文や疑問文を作る際の do も助動詞，そして，現在完了形の have や受動態の be も助動詞と呼ばれると，助動詞とはいったい何かが曖昧になってしまうし，それがわからないまま英語を学んでもスッキリとした感覚は得られない。

今，英語教育で求められるのは「わかる英文法」であり，そして「使える英文法」であるとわれわれは考えている。「学校英文法」という暗黙の共有財産に対して明確な代案がなければ，結局は，これ

までどおりのやり方を踏襲するという伝統が続くことになる。たとえ，その伝統が英語学習の阻害要因になっているとしても，代案がないのだから仕方がないということになってしまう。そこで，健全な教育英文法の構築が緊急の課題となってくる。

「旧来の学校英文法」を再編成するためには，その再編成を正当化する理論が必要となる。文法に関する研究は言語学が専門とするものであり，実際，現代言語学の最大の関心は，文法力の解明にあるといってもよい。その言語学の分野で，英文法に対する理論がいくつか存在する。そこで，言語学のすぐれた文法理論を英語教育の英文法として導入すればよいかといえば，話はそれほど単純ではない。

われわれは，本書で提案する英文法の理論的なスタンスとして認知的スタンスというものを取り入れている。認知的スタンスを取り入れた言語学は認知言語学と呼ばれ，今や一つの大きな潮流となっている。しかし，主として欧米で展開されてきた認知言語学の知見をそのまま英語教育に適用しようとしても問題がある。というのは，多くの認知言語学者は，第二言語学習に軸足を置いて新しい文法の可能性を研究しているわけではなく，認知言語学という陣営内では固有の文法問題に関心が向けられ，使われる用語も陣営内に固有のものだからだ。また，最先端の文法理論においては，研究は完了しているわけではなく，絶えず試行錯誤を伴う探求が行われるため，なかなか応用という段階に至らないという事情もあげられる。

つまり，言語理論は教育可能性を考慮することはないし，独自の理論的前提に基づいて，独自の文法構成を試みる結果，教育文法としては機能しえない，というのが実情である。そこで，英語教育という分野において，独自の教育英文法を構築していく必要が出てくる。

健全な教育英文法を決める基準は，教育的健全さ（pedagogical soundness）である。教育的な健全さを決める尺度は，指導可能性（teachability），学習可能性（learnability），そして使用可能性

(usability)の三つである。つまり、教えることができること、そして学ぶことができること、さらに使うことができることという基準に相当する。旧来の学校英文法は、指導可能性の要件はたしかに満たしていたと言える。英語教師の強みは、「英文法に熟知している」というものであった。しかし、学習可能性については、多くの生徒が文法は「むずかしい、わからない」と感じているということからして、十全にクリアしているとは言い難い。そして、学校英文法がコミュニケーションに使えるかということになると、これにも大きな疑問符がつく。

旧来の学校英文法の問題点

では旧来の学校英文法は、具体的に何が問題なのか。それは以下の五つである。

① 「不定詞」「分詞構文」「仮定法」などといった専門用語が先行するため、「英文を編成する」という本来の力とは直接関係のない形で文法の指導が行われる。
② 個々の文法項目についての説明は行われるが、英文法とはどういうものであるかという全体像を示すことができないため、相互の文法項目の関連性が見いだせない。
③ 学校文法で提示される用例が現実の言語使用の実態をうまく反映していない。
④ 学校文法を編纂するための理論的な枠組みがみえない。
⑤ コミュニケーションのための文法という観点から編纂されていない。

「わからない」そして「使えない」という原因がここにあるように思われる。たとえば「5文型」という考えは、長きにわたって、英文法の基本とみなされてきている。もちろん、7文型説など修正は加えられるものの基本的には、5文型を基礎にすえた英文法が中心

的な役割を果している。しかし，5文型を語るための「目的語」「補語」という用語自体が整合性をもたない，というのがわれわれの見解である。たとえば，目的語には「直接目的語」と「間接目的語」があるといわれるが，「間接」とはどういうことなのか。動詞がなんらかの作用を及ぼす対象を示すのが目的語だとすると，間接目的語の場合にはどういう作用があるのかといった疑問が生じてくる。John gave Mary a headache. という場合，Mary は a headache の「受け手」ではなく「経験主」である。しかし，この Mary は間接目的語と呼ばれている。また，補語という用語は，主格補語とか目的格補語という言い方をするように，主語や目的語に情報を補う要素とされる。しかし，目的語は動詞の目的語だが，補語は何の補語なのか。主語の補語だとか目的語の補語というのは意味をなさない。たとえば，John called Mary "Cutie." という文がある場合，SVOC の第5文型とみなされる。しかし，この Mary は直接目的語なのか？ 少なくとも Mary を call したわけではない。また，Cutie が目的語 Mary の補語だとした場合，Mary と Cutie の関係を取り持つ動詞は何なのか。I'm here. (私はここにいる) が第1文型，I'm happy. (私は幸せだ) が第2文型，I'm running. (私は走っている) が第1文型という捉え方にもメリットはない。さらに，That reminds me of something. (それは私にあることを思い出させる), They make grapes into wine. (彼らはぶどうでワインを作る) や Mary wiped the towel across her face. (メアリーはタオルで顔を拭いた) などは何文型になるのか。

このように見ていくと，5文型というものが，英語の実態を表象するものでは決してないということが歴然としてくる。これは学校英文法の抱えるコンテンツに関する問題のほんの一例に過ぎないが，上記のような問題点の一つ一つが決定的な問題となっており，それらの解決をはかることが健全な教育英文法の再編成には必須であろうと思われる。しかし，その再編作業はアドホックに行うわけにはいかない，そこには一貫した理論的な視座が必要である。教育

英文法を再編成する際の，理論的な枠組みとして，われわれが採用するのは「認知的スタンス」である。

認知的スタンスとは

認知的スタンスは，英語では "cognitive stance" と言い，その場合の "cognitive" は形容詞である。これは，「立場・視点」という意味でのスタンスであり，behavioral stance（行動的スタンス）と呼ばれるものと対比関係におかれる。

行動的スタンスを採用する行動主義（あるいは行動科学）は，観察可能性なもののみが科学的研究の対象であるという主張を行い，人々の心の中での内的な営みはブラックボックスとして，それに対する本格的な研究としての取り組みを避けていた。これに対して，認知的スタンスでは，そのブラックボックスを開き，(1) 人々が事象をどう捉えているかという "mental representation"（心的表象）と，(2) 人々はどのようにそうした表象を得，それを使用するのかという "information processing"（情報処理）の二つを強調する。

言語学の分野で認知的スタンスを採用しているのは認知言語学であり，その基本的な考え方は，「言語は人々が世界を知覚し概念化する仕方――すなわち世界の捉え方――を反映している」というものである。そこから，言語は意味的に動機づけられているという見方 (semantic motivation) が生まれ，言語現象は大方において説明可能 (accountable) であるという主張が帰結される。文法を恣意的な約束事の集合として言語を捉えてきたこれまでの立場に対して，「なぜそうなのか」という問いに合理的な説明を行う可能性が出てきたことは，認知言語学の最大の魅力であると言ってよい。

ここでいう「合理的な説明」は，これまでの言語学とは直接的な関係が示されることのなかった，身体 (body)，知覚 (perception)，概念形成 (concept formation) と言語とのかかわりに注目することにより可能になってきている。たとえば，意味は身体・感覚レベ

ルと無関係ではなく，意味の「身体性」(embodiment) という概念が Johnson (1987) により提唱されている。つまり，人は日々の身体的経験から意味の祖形ともいえる身体図式 (image schema) を創出させ，それを洗練化させることによって意味の抽象化を図るというのが基本的な捉え方である。私たちは，後ほど示すように，この身体図式という概念をコアとして捉え，レキシカル・グラマーの重要な概念装置として使っている。

新しい教育英文法の構築に向けて：文法力の捉え方

　何を，どう提示し，そしてどういう評価を加えるかという WHAT と HOW と ASSESSMENT の問いは，教育 (education) の基礎を成すものであり，英語教育でも，教材論，指導論，評価論といった観点から議論されている。しかし，これまでは，どちらかというと，これらの三つの論点が個別に議論されてきたように思われる。教材論と指導論と評価論の有機的な関係性を重視した議論が必要であるが，そのためには，「第二言語としての英語力とは何か」という問いに対する実効性のある提案を行い，その提案を英語教育論の「導きの糸」にする，ということが必要である（柳瀬 (2006)）。

　このことは，文法指導を巡る議論についても妥当する考え方となる。文法力をどう捉えるかが定まってはじめて，何を教えるか，それをどう提示するか，そして何をどう評価するかが決まるからである。われわれは，英文法を捉える枠組みとして，第二言語としての英語力をラングイッジ・リソーシーズ (language resources) とタスク・ハンドリング (task handling) の相互作用として定義している（詳しくは，田中・アレン玉井・根岸・吉田 (2005) を参照）。

 **TASK HANDLING**

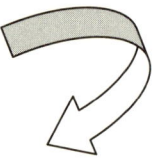 **LANGUAGE RESOURCES**

この定義にしたがえば,個人の英語力とは,「どういうタスクをどれだけ機能的に,どういうラングイッジ・リソーシーズを使ってハンドリングできるか」という問いに還元することができる。知識としてのラングイッジ・リソーシーズと行為としてのタスク・ハンドリングの相互関係として英語力を捉えるところにこの定義の特徴がある。

さて,文法力はラングイッジ・リソーシーズに含まれるが,このラングイッジ・リソーシーズをどう特徴づけるかによって,文法の捉え方が変わってくる。われわれは,以下のように,<u>語彙力・文法力・機能表現力の有機的な連関</u>としてラングイッジ・リソーシーズを捉えている。

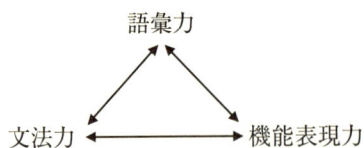

概略,(1) 語彙力とは「基本語を使い分けつつ,使い切る基本語力を基盤にした語彙の数と話題の幅」,(2) 機能表現力は,「行為意図を場面に適切な形で表現する力」,そして,(3) 文法力は,「状況に応じて適切な英文を編成する力」である。しかし,ここで重要なのは,語彙力と文法力と機能表現力が有機的に連関しているときにはじめて,種々のタスクの遂行を可能にするラングイッジ・リソーシーズとして機能するという点である。

語彙・文法・機能の有機的連関を重視する立場からすると,文法

は語彙面と機能面との関係において捉え直す必要があることを意味する。文法と機能の関係については，機能的な観点から文法を見ることが可能であるし，同時に慣用化された機能表現を文法的な観点から見ることも可能である。また，機能表現は，その機能がなんであれ，結局，could, would, promise, ask などの語彙項目に還元されるということを鑑みれば，語彙と機能表現は関係しあうことになる。語彙と文法の関係に立脚した文法が本書で提案する「レキシカル・グラマー (lexical grammar)」である。

レキシカル・グラマーの考え方

レキシカル・グラマーは，語彙の観点から文法を捉える試みである。have, be, give, a, the, in, on, can, will, what, which, if, to, that などは文法項目と関係する語彙であり，見方を変えると，これらの語彙のそれぞれに文法的情報が内在しているということになる。「現在完了」「使役」「進行形」「受動態」「二重目的語構文」「冠詞」「助動詞」「前置詞」「関係代名詞」「疑問詞」「指示詞」「不定詞」などといった文法項目は語彙の観点から捉えることができるというのがレキシカル・グラマーの見方である。理論的前提としては，認知言語学のスタンスが重要な示唆を与える。とりわけ，言語は人間の世界の捉え方を反映しているがため，言語には意味的動機づけがあるという見解は極めて重要である。こうした理論を背景にするレキシカル・グラマーは，語彙的な意味と構文的可能性に着目する文法であり，語彙的な意味が構文の多様性に一貫性を持たせようとするところにその最大の特徴がある。語彙的な意味のことを「コア (lexical core meaning)」と呼ぶが，<u>コアと構文的可能性の相互関係に着目するのがレキシカル・グラマーの特徴である</u>。

コアとは何か

　英和辞典や英英辞典を見てみると，基本語の項目は数頁にわたって，意味の多様な姿が描かれている。そして，どうみても，一筋縄ではいかない意味の構造が伏在しているような印象を与える。しかし，われわれは，基本語のこうした捉え方が，少なくとも基本動詞の意味としては根本的なところで間違っているということに気がついた。

　基本動詞の意味は関数的である。名詞には指示機能があるため，なんらかの対象を指すという意識が働く。そこで，名詞が使われれば，それが知覚対象であれ，観念対象であれ，何かを指しているという意識作用が生まれる。したがって，多義の性質にしても，複数の語義を安定したものとして想定することが可能となる。しかし，動詞には何かを指すという働きはない。むしろ，モノを関連づけてコトとして表現するに不可欠なのが動詞であり，機能論的には関係づけ機能がある。そこでたとえば，John と the window というモノがあり，それを John broke the window. と表現することで，「ジョンが窓を割った」というコト(事態)が構成される。この場合，break (John, the window) と関数的に表現することが可能となる。fix (John, the window) にすると fix が関数になり，そこから構成される事態は異なるものとなる。

　ここでは，語の意味は品詞によってその性質が異なるということが示唆されている。と同時に，ここで関心のある基本動詞の意味は関数的であるという見方が出てくる。意味が関数的であるということは，そのままでは意味が確定しないということであり，意味の確定は変数の値によるということである。この考え方を押しすすめていけば，基本動詞の意味は複雑で多岐にわたるのではなく，実は，単純で曖昧である。そして曖昧性があるからこそ，さまざまな状況に適用することが可能なのだということになる。これがわれわれの見解である。この単純で曖昧な意味をどう表現するか，そして，単

純で曖昧な意味から多様な用法が生まれるが，それをどう説明するか，これが意味論の課題となる。

われわれは，単純で曖昧な意味をコアとして捉え，その表現には全体的で図式的なものと，その特徴を描写する記述的なものが含まれると考える。コアとは，文脈に依存しないような動詞本来の意味のことを言う。動詞には関係づけ機能と意味表示機能とがある。意味表示機能がなければ，John broke the window.（ジョンは窓を割った）と John fixed the window.（ジョンは窓をなおした）の意味的差異が出てこない。両者の違いは，break と fix が表示する意味の差による。John broke the window. の場合だと，「ジョンは窓を割る」という事態を表現しているわけであり，ここでの break は「割る」という意味として了解される。しかし，John broke the world record. だと「ジョンは世界記録を破った」となり，ここでは break は「破る」と対応することになる。また，John broke the computer. だと「ジョンはコンピュータをこわした（動かなくさせた）」という意味合いで，ここでは break が「機能を損なう」ぐらいの意味になる。これらに共通しているのがコアであり，break のコアは「外的な力を加えて，何か（の形・機能・流れ）をコワス」と記述することができる。このコアを通して，窓の場合には，石などをぶつけて窓の形をコワスということ，コンピュータの場合には，誤操作などをしてコンピュータの機能をコワスということ，そして記録の場合には，新しい記録を出すことによってこれまで有効だった記録の流れをコワス（絶つ），という解釈が可能となる。

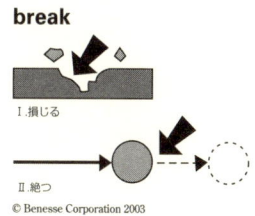

© Benesse Corporation 2003

上図のように,「外的な力を加えて,何か(の形・機能・流れ)をコワス」という記述を「形・機能を損じる」と「流れを絶つ」に切り分けることができる。John broke the computer. といえば,通常,「機能をこわした」という意味合いだろうし,Mary broke the vase. といえば,通常,「形をこわした」という意味合いになる。しかし,She broke her career to study abroad. になると,「職業という経歴(流れ)をこわした(中断した)」という意味合いになる。いずれにせよ,「なんらかの力を加えることで,何かをこわす」ということにおいては共通している。コンピュータの場合は,水をキーボードにかけることによって機能をこわした,花瓶の場合は,花瓶を落として衝撃を加えることでこわした,そして仕事の場合は,自分の意志によって仕事の流れをこわした,ということである。

コア理論は,動詞や前置詞などの意味論の背景として,次の二つの主張を認め,それを分析を通して論証していくものである。

A: 形が違えば意味が違う。
B: 形が同じなら共通の意味がある。

この二つは Bolinger (1977) が提出したものであり,われわれが認知意味論の枠内で展開するコア理論の主張として明確に据えたものである。前者は,完全な同義性を排除する主張であり,論証は比較的容易である。たとえば,「A を B に翻訳する」というのを put A into B とも turn A into B とも表現することが可能である。しかし,put を使うか turn を使うかで事態構成上の意味の違いが生じてくる。put だとある日本語の作品を別の言語空間に移動させる,turn だといろいろな言語の多角形のようなものを想定し,向きを変えると英語の面になるといった感覚になる。

レキシカル・グラマーが説明する BE の振る舞い

レキシカル・グラマーは文法を語彙項目として捉え,それぞれの

コアを通して，整合性のある文法説明をしようとするところに特徴がある。ここで，be を中心にしたレキシカル・グラマー的な捉え方をごく簡単に紹介しておこう（詳細は，第 II 部事例編参照）。

　be は「何かがどこかにある」という語彙的な意味（コア）を持つ。I'm here. は「私がここという場所にいる」ということで，be の基本的用法である。I'm fine. は場所から状態へのシフトが起こっているが，「fine な状態にいる」ということでは共通している。さらに，I'm running. だと，状態の中でも連続的な状態にあるという解釈であり，ここでも be のコアは生きている。なお，I'm a student. は——論理学などでも示されているとおり——「『学生』という範疇の一員としてある」ということである。さらに，John was beaten by Nancy. だと「beaten by Nancy という完結した状態にいた」という解釈になる。

　I'm here. が第 1 文型で，I'm fine. が第 2 文型，さらに I'm running. は第 1 文型で，しかも，この be は助動詞であると説明を加えていけば，構文的な連続性は見えてこないし，そうした説明は，表現するという観点から有用とは思われない。また，助動詞の後には原形がくるという原則も，I'm running. では現在分詞が来ているため，混乱の原因になる。しかし，be の語彙的な意味とその構文に注目すると，一貫した構文の理解が可能となる。そのことを通して，「わかる，そして使える英文法」に近づくことができるというのが，われわれの見解である。

II

事例編

レキシカル・グラマーを扱う本書の第II部事例編では，ある特定の基本語のコアに注目して，それがどのような形で多様な構文へと展開し，さらに文法現象に影響を与えているかを分析，議論していく。最初の項目を例にとれば，「進行形」「受身形」「完了形」「アスペクト」という文法項目について，BE と HAVE のコアから捉え直すということを意味する。それぞれの文法項目について一般にはどのように捉えられているのか，また，その問題点は何なのか，そして，それをレキシカル・グラマーではどのように乗り越えることができるのかといった観点から記述を行っていきたい。

　本書で用いる文法用語については，教育的観点から，一般に受け入れられている用語を踏襲することが躊躇されるものもある。「目的語」や「補語」などはその最たるものである。それらの用語の使用を避けて，レキシカル・グラマーの世界をダイレクトに記述することも可能である。が，本書では，従来の英文法の問題点を浮き彫りにしつつ，それらをレキシカル・グラマーがいかに乗り越えていけるかを明確にすることを主なねらいとする。そこで，その意図にそって，本来は使用の可否を検討すべき文法用語に関しても，便宜上，分析の対象として括弧つきで用いることとしたい。その点をご了承頂いた上で，以下，事例編をお読み頂ければ幸いである。

1 BE, HAVE と
「進行形」「受身形」「完了形」「アスペクト」

　レキシカル・グラマーとは，語彙（レキシコン）から捉える文法（グラマー）である。意外に思われるかもしれないが，実際に，文法項目のかなりの部分が，その構文に含まれる基本語の意味という観点から説明可能なのである。レキシカル・グラマーは，特に基本語の本質的意味としてのコアに注目し，そのコアがどのようにして多様な文脈へ展開し，その中で特に文法的な現象を生み出しているのか，そのメカニズムの解明を目指すものである。語のコアを基盤とするがゆえに，そこにはかつてみられなかったような説明力がそなわるものである。

　このようなレキシカル・グラマーの持ち味を知るのに格好な語彙項目の代表格とも言えるのが，BE と HAVE である。というのは，BE と HAVE はいずれも，動詞としてのみならず，いわゆる「助動詞」としての用法もあり，進行形，受身形，完了形等の構文で必須の役割を果たすからである。

　従来の文法では，これらの用法を文法用語に基づいて分類整理することに主眼が置かれてきた。しかし，そのやり方では，複数の構文間のつながりが意識されず，それぞれが個々に独立した文法知識の集積にとどまってしまう。これに対して，レキシカル・グラマーでは，語のコアを通じて多様な構文のあいだに相互の関連性を見いだすことによって，いわば構文ネットワークを形成することが可能となる。

　つまり，従来は，相互に関連性のない規則の束のごとく捉えられていた諸用法が，BE と HAVE のコアに注目することで，統一感をもった形でスッキリとその全体像がつかめるようになるということである。では，このことを，まず BE を通してみていくことに

しよう。

BE のコア

レキシカル・グラマーでは、BE のコアを〈(何かがどこかに)ある〉と捉える。そうすると、BE の用法全般について一貫した説明が可能になる。この BE のコアを図式的に示すと以下のようになる。

BE:〈(何かがどこかに)ある〉

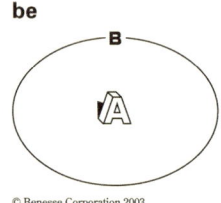

© Benesse Corporation 2003

このコア図式は、〈A be B〉において、「A が B という場にある」ということを示す。たとえば、I *am* here.（私はここにいる）であれば、「私」は「ここ(に)」〈ある[いる]〉で、これは主語が存在する場所を示す BE の典型的な用法である。

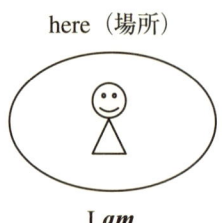

She *is* in the kitchen.（彼女は台所にいる）のように、前置詞句で場所を示すこともあるが、これも「台所(に)」彼女が〈ある[いる]〉ということである。

また、I *am* fine.（私は元気です）という表現も、BE のコアを生

かして解釈すると，私が「元気な状態」に〈ある〉と捉えられる。ここでは，どこかの「場所」に〈ある〉というイメージを，なんらかの「状態」に〈ある〉という文脈になぞるように応用している。「状態」をある種の「場」と見立てていると言ってもよい。

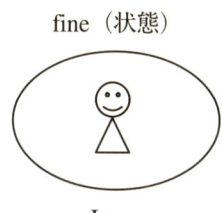

fine（状態）

I *am*

そして，このコアに基づく考え方は，進行形や受身形の BE にも当てはまる。たとえば，The car *is* going too fast.（その車は飛ばしすぎだ）であれば，その車が「飛ばし過ぎている状態」に〈ある〉，This book *is* written in English.（この本は英語で書かれている）であれば，その本が「英語で書かれた状態」に〈ある〉という具合に理解することができるのである。

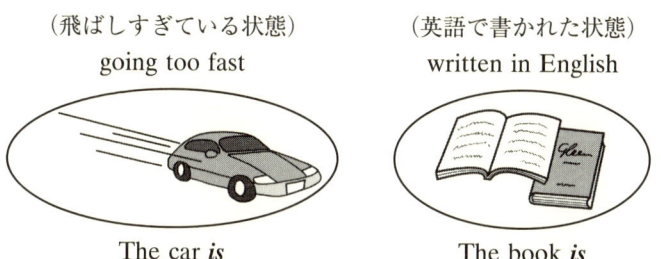

（飛ばしすぎている状態）
going too fast

The car *is*

（英語で書かれた状態）
written in English

The book *is*

ところで，going too fast も written in English もある種の「状態」を示す表現である。そこで，これらが BE と結合することで，その状態に〈ある〉という構文が生じる。もちろん，状態といっても，それは I *am* fine. の fine など（純粋な形容詞）が示す状態とは性質が異なる。

分詞: BE から分かれた詞 (コトバ)

doing (現在分詞) と done (過去分詞) は，それぞれ以下のように，半ば形容詞的かつ半ば動詞的な意味合いを有している。

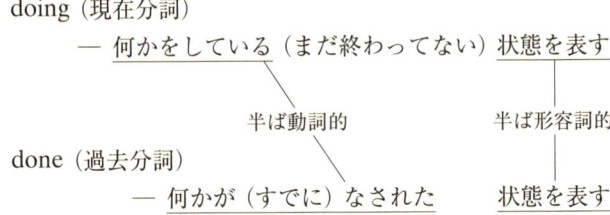

ここで，「現在分詞」「過去分詞」という用語についても，少しかみくだいておこう。「分詞」とは，「BE から分かれた詞(ことば)」と捉えると理解しやすい。ちょうど，進行形 (be + doing) の be と分かれた doing が現在分詞，受身形 (be + done) の be から分かれた done が過去分詞にあたると考えられるからである。

ただし，現在分詞・過去分詞の「現在」と「過去」は，それぞれ，「何かを(現に)している」(現在指向)と「何かが(すでに)なされた」(過去指向)という意味内容であって，時制における現在か過去かということとは関係がないという点は注意が必要である。

　　BE + doing ⇒「何かを(現に)している」
　　　　　　　　— 現在(指向の)分詞
　　BE + done ⇒「何かが(すでに)なされた」
　　　　　　　　— 過去(指向の)分詞

この doing と done は単独では時制を表せないので，文法的な文を作ることができない。そこで，BE の力を借りて be + doing で進行形，be + done で受身形の動詞のカタマリを作ることになる。このとき，いずれの形においても BE のコアが生きているという気づきを得ることが大切である。

be + doing ⇒ 何かを(現に)している状態に「ある」(進行形)
be + done → 何かが(すでに)なされた状態に「ある」(受身形)

be+done と受身の構文

　be + done は一般に、「何かが(すでに)なされた状態にある」と捉えられるが、これは、He *is gone*. (彼は行ってしまってもういない)などの表現にも当てはまる。この gone は自動詞の過去分詞だが、それでも、「行く」という行為が「(すでに)なされた状態にある」という解釈は成立する。しかし、現代英語では BE に続く過去分詞は、この種の成句的表現を除くと、もっぱら他動詞に限られる。そこで、一般に、be + done は、「行為がなされた状態にある」という受身の構文として成立するのである。

　たとえば、The door *is painted* white. (そのドアは白く塗られている)であれば、painted によって、具体的にどういう行為がなされたかは示されるものの、is はそのような状態に〈ある〉ということを示すのみで、そこに能動的なはたらきかけは感じられない。そして、painted という行為の対象であるはずの the door が主語の位置に置かれている。そこで、The door *is painted* white. は、行為をする側ではなくて、行為を受ける側に焦点をあてた構文として捉えられるようになるのである。

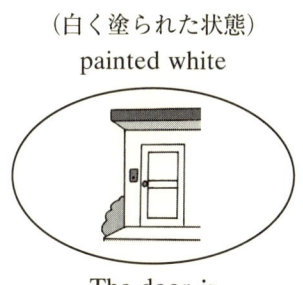

（白く塗られた状態）
painted white

The door *is*

受身が示す状態と動作

もちろん，受身形でも文脈によっては，「状態」より「動作」が強調されることもある。The window *was broken*. は，「窓はわれていた」という状態で解釈されるのがふつうだが，The window *was broken by John*. となると，「窓はジョンによって割られた」というように「動作」として理解される。

また，He *is interested in* political science.（彼は政治学に興味がある）の interested のように，過去分詞が完全に形容詞化している場合もある。そのとき一般に by を伴わない傾向があり，それは I'*m excited about* your joining us.（あなたが仲間入りすることについてワクワクしています）や I *was surprised at* the news.（その知らせには驚いた）などの例にもみられるとおりである。

要するに，分詞はある種の状態を表すという意味で半ば形容詞化しているが，具体的な行為の内容を表すという意味で半ば動詞としての性質を温存している。そこで，be + done という受身の構文は，その文脈に応じて，過去分詞の形容詞的性質が強くなれば「状態」として，動詞的性質が強くなるときには「動作」として捉えられる傾向が生じるということである。

「助動詞」の BE にもコアは生きている

ところで，一般に，進行形・受身形で使われる BE は「助動詞」として分類され，動詞としての意味はもたないと考えられている。しかし，ひと口に「助動詞」と言っても，He can/may/must speak Japanese.（彼は日本語を話すことができる／話すかもしれない／話さなくてはならない）などで使われるものとは，意味的特徴も語の使用環境もまったく異なっている。can, may, must などの助動詞は，動詞の原形の前で用いて話し手の判断を示すはたらきがある（第 II 部 11 章を参照）。一方，進行形や受身形の BE は，原形ではなく分詞と結合して，なんらかの状態に〈ある〉という意味を表すもので，そこには動詞としての BE のコアが生きている。

1 BE, HAVEと「進行形」「受身形」「完了形」「アスペクト」   25

　この点について，The baby *is* crying.（赤ん坊が泣いている），The window *was* broken.（窓が割れていた）というやさしい例文を使って確認しておこう。

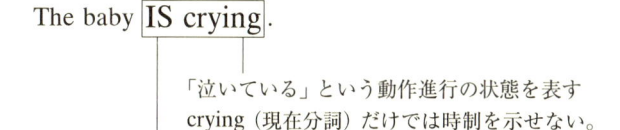

　　The baby IS crying.

　　　　　　　　　「泣いている」という動作進行の状態を表す
　　　　　　　　　crying（現在分詞）だけでは時制を示せない。

　　　　　IS は時制が現在であることを示しつつ，
　　　　　主語がその状態に「ある」ということを表す。

　　The window WAS broken.

　　　　　　　　　　「すでに壊された」という状態を表す
　　　　　　　　　　broken（過去分詞）だけでは時制を示せない。

　　　　　WAS は時制が過去であることを示しつつ
　　　　　主語がその状態に「あった」ということを表す。

こうしてみると，進行形や受身形においても BE のコアが生きていることは紛れもないと言える。〈何かがどこかにある〉という BE のコアをふまえることによって，なぜこれらの構文で BE を使うのかが実感できるようになり，他の BE の用法とのつながりもつかめるようになるのである（第II部4章も参照）。

HAVE のコア

　進行形・受身形を作るときに BE 動詞が必須であるのと同様に，HAVE は完了形の構文で不可欠な役割を果たす。これは英文法の知識としては常識レベルのことである。が，I have lost my bag. と I lost my bag. はいったい何が違うのか。そもそも現在完了では，なぜ HAVE を使うのか。このような素朴な疑問は，改めて問い直してみる価値がある。そして，これらの問題も HAVE という

語のコアに注目することでクリアできるというのがレキシカル・グラマーの考え方である。

レキシカル・グラマーでは，HAVE のコアを〈何かを自分のところにもつ〉と捉える。「自分のところ」というのは，対象を自らが確保できる範囲ということで，いわば自分のなわばりのような領域のことである。この HAVE のコアを図式的に描くと，以下のようになる。

HAVE: 〈何かを自分のところにもつ〉

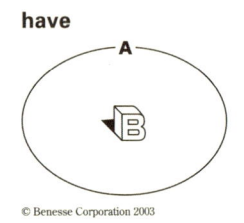

have

© Benesse Corporation 2003

この HAVE のコアからイメージされる領域を，「HAVE 空間」と呼ぶ。何かを have するということは，この HAVE 空間に何かを「もつ」ということで，それはある物を「所有」するということだけでなく，ある出来事を「経験」するといった状況も表す。このように「所有」から「経験」をカバーする HAVE 空間のイメージがつかめれば，HAVE の幅広い用法について一貫した理解が得られるようになるのである。

まず大切なのは，HAVE の対象は，She *has* many clothes.（彼女は服をたくさんもっている）のように具体的なモノだけでなく，I *have* a problem.（私はある問題を抱えている）のように手にふれることができないようなコトとなる場合もあるという点である。We *have* a lot of rain in June.（6月は雨が多い）などの日常の出来事も同様である。そういう事柄をわれわれの経験空間の中に have するという意味合いである。

She *has* many clothes.

I *have* a problem.

We *have* a lot of rain in June.

完了形の HAVE

そして、このような HAVE 空間による捉え方は、完了形の構文にも応用される。たとえば、**I *have*** lost my bag. では、[lost my bag] の状態を HAVE 空間に「もつ」と捉えることができる。すると、「バッグを失ってしまった状態を(今)もつ」⇒「バッグをなくしてしまっている(だから今もない)」という具合に理解できるようになる。

I *have* lost my bag.

ここでの lost は過去の一点における「動作」を示す過去形ではなく、何かが(すでに)なされた「状態」を示す過去分詞である。しかし、過去分詞は単独では時制をもつ動詞にはなれないため、

HAVE の力をかりて "have + done" という動詞のカタマリを作る。そして，この HAVE は出来事を現在に位置づけるシグナルになるのみならず，すでになされた事柄を現在の HAVE（経験）空間内にセットするはたらきをも有しているのである。

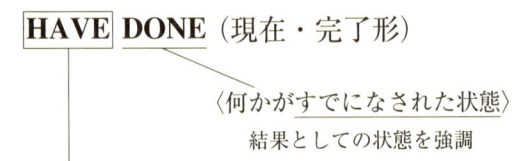

HAVE DONE（現在・完了形）

〈何かがすでになされた状態〉
結果としての状態を強調

〈(現在の) HAVE 空間の中に「もつ」〉
すでになされたことを「経験」として，現在の HAVE 空間に位置づける

現在・完了形 (have + done) では，過去分詞 (done) が「何かがすでになされている状態」を表すのに対して，そのことを「現在の経験」として捉えているということを HAVE が示す。そこで現在・完了形は，すでになされた事柄を「現在への影響」として語る表現となる。それは，いわば，「過去と現在の橋渡し」のような構文である。

| 過去 | | 今 | | 未来 |

have done
「過去と現在の橋渡し」
（明示的に未来に言及するわけではない）

過去・単純形と現在・完了形

この点が理解できれば，過去・単純形と現在・完了形の違いも明確になる。I *lost* my bag. は，「（過去の一時点において）バッグをなくした」ということを示すのに対して，I *have* lost my bag. は，「バッグをなくした状態を現在の HAVE 空間内にもつ」というこ

とを意味する。時間軸でイメージすると、それぞれ以下のようになる。

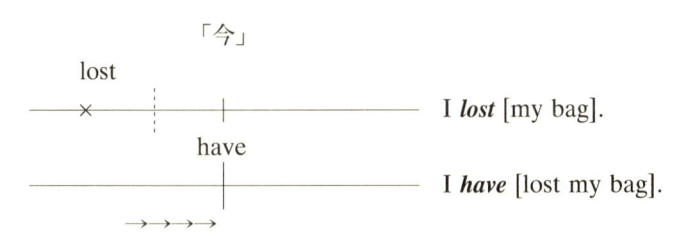

```
                    「今」
           lost
     ———×———┆———|———————————————  I *lost* [my bag].
                    have
     ——————————|———————————————  I *have* [lost my bag].
        →→→→→
```

そうすると、「yesterday などの（現在とつながらない）過去を示す副詞は現在・完了では使わない」ということも、機械的な暗記事項としてではなく、実感として理解できるようになる。要するに、lost ... yesterday は自然だが、have ... yesterday ではおかしい、ということに過ぎないということが分かるのである。

「助動詞」の HAVE にもコアは生きている

完了形で使われる HAVE も、一般に「助動詞」と呼ばれている。しかし、I *have* lost my bag.（私はカバンを失くしてしまった）などにおいても、動詞としての HAVE のコアが維持されていることは、以下の分析からも明らかである。

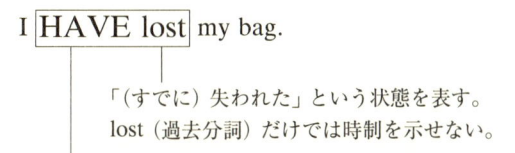

I |HAVE lost| my bag.

　　　　「（すでに）失われた」という状態を表す。
　　　　lost（過去分詞）だけでは時制を示せない。

　　HAVE は時制が現在であることを示しつつ、
　　今の HAVE（経験）空間にその状態を「もつ」ことを表す。

要するに、現在・完了形の have + done も、HAVE のコアを生かした解釈をすることで、その構文の本質がつかめるということである。

テンスとアスペクト

ここまで，BE のコアを通じて進行形，受身形を見直し，HAVE のコアから完了形について確認してきた。ここで，英語の「テンス（時制）」と「アスペクト（相）」について整理しておきたい。

「時制」というと，過去・現在・未来の三つの「時」に，単純形・完了形・進行形・受身形の四つの形をかけ合わせて 12 種あると言われたりする。しかし，それでは性質が異なる複数の情報を同一のレベルで扱うことになり，あまりに錯綜としてしまう。いったんは，「テンス」「アスペクト」について，それぞれに固有の問題として整理しておく必要がある。

テンスについて大切なことは，われわれが意識する「時間」と言語の形式に反映される「テンス」は異なるということである。一般に，われわれが抱く「時間」の感覚は，過去から現在を経て未来へ向かうように感じられる。一方，「テンス」は動詞の活用形で表される時間である。英語の動詞には現在形と過去形はあるが，未来形はない。そこで，英語のテンスも現在と過去の二つになる。すなわち，動詞(助動詞)を過去形か現在形に調整することで，過去・現在・未来の事柄について述べるのが英語の時制のシステムなのである。

そこで，未来の事柄を述べるときには，It *is going to* rain this afternoon. (今日の午後は雨が降るでしょう)とか，I *will* do it. (私がそれをやりましょう)のように，現時点における推量や意志を述べることによって，未来への想定をほのめかすのである。

ここに出てくる will も，can や may と同様にテンスとしては現在に属することになる。助動詞の中で will を使うときだけ「未来」としてしまうと，テンスを一貫した形で理解し難くなってしまうのである。この点は以下のような用例を比較してみれば一目瞭然であろう。

1 BE, HAVE と「進行形」「受身形」「完了形」「アスペクト」　31

```
          英語のテンス（時制）
         ╱          ╲          ╲
  過去テンス      現在テンス         未来テンス
```

過去テンス	現在テンス
She *went* there.	I *am* fine.
He *said* he *would* come.	She *will* stay there.
I *thought* I *could* do it.	You *can* sit here.

「動作や状態のありよう」を示すアスペクト

　次に,「アスペクト（相）」というのは, 動詞が示す「動作や状態のありよう」のことで, 進行形か完了形か単純形によって表される。単純化して言えば,「動いているか止まっているか」「続いているか終わっているか」といった動作や状態の局面のことである。She *was cooking* supper. のように「動き・変化が感じられる」のが進行形, She *cooks* supper.（習慣を表す例）のように「動き・変化が感じられない」のが単純形, She *has cooked* supper. のように「何かがすでになされた状態」を表すのが完了形である。これらアスペクトの選択については, 現在か過去かというテンスの問題とは別の角度から捉えておかなくてはならない。

　　She *cooks* supper.
　　　　―テンス：現在, アスペクト：単純＝現在・単純形
　　She *was cooking* supper then.
　　　　―テンス：過去, アスペクト：進行＝過去・進行形
　　He *has cooked* supper.
　　　　―テンス：現在, アスペクト：完了＝現在・完了形

本書で,「現在・単純形」のように中黒（・）を使った表記の仕方をするのは, それがテンスとアスペクトの組み合わせであることを明示するためである。一般に,「現在形」と言われるものも, 厳密を期すときには,「現在・単純形」とすることによって,「テンスは現在」で,「アスペクトは単純」であるということが分かりやすくな

るし、また、「現在・完了形」や「現在・進行形」との差別化も容易になる。

複合的なアスペクト

英語を使って、時間軸の上で出来事を語るためには、動詞の現在形か過去形でテンスを示しつつ、動作や状態のありようを単純・完了・進行などのアスペクトで表すことが必要になる。さらに、ふつうは能動態の表現を使うが、動作を受けた側に注目するときには受動態が選択される。テンスは動詞の活用の問題だが、アスペクトと受動態については、BE と HAVE のコアから捉えられるということはすでに見たとおりである。

ここで、完了形、進行形、受身形を使った表現のバリエーションをみてみよう。これらの形は単独で表現される場合もあれば、複数の形を兼ねそなえることもある。複数の形を合わせて使うときには、「完了形＋進行形＋受身形」の順番で、必要なものを組み合わせる。すると、複合形としては「完了進行形」「完了受身形」「進行受身形」の三つが可能になる。理論的には完了進行受身形もあるが、この形は実際には使われずに完了受身形で代用される。

そこで、これらの三つの複合パターンも含めて、動詞の形として実際に使われる単純形以外の六つの形をチャンク（情報のカタマリ）で記してみると以下のようになる。

　2語の動詞チャンク

be + doing ［進行形］
　―何かをしている状態に「ある」
have + done ［完了形］
　―何かがすでになされた状態を「もつ」
be + done ［受身形］
　―何かが（すでに）なされた状態に「ある」

1 BE, HAVE と「進行形」「受身形」「完了形」「アスペクト」

> 3語の動詞チャンク

have + been + doing ［完了進行形］
　—動作の進行がすでになされた状態を「もつ」
have + been + done ［完了受身形］
　—受身の行為がすでになされた状態を「もつ」
be + being + done ［進行受身形］
　—受身の行為が進行中の状態に「ある」

こうしてみると，上にあげた2語または3語の動詞チャンクのすべてにおいて，BE と HAVE が決定的に重要な役割を果たしているということが改めて確認できる。これらは，すべて先頭の1語の BE か HAVE を，現在形 (have/has; is/am/are) か過去形 (had; was/were) に活用させることによってテンスを示す。未来の想定を表すときには，典型的には BE・HAVE の前に will を足したりするのである。

完了形，進行形，受身形については，すでに例を通じてみたので，以下，3語の動詞チャンクの例をあげておこう。

> They *have been working* since morning.
> （彼らは朝からずっと仕事をしている）［完了進行形］
> The printer *has* already *been fixed.*
> （そのプリンターはすでに修理されてある）［完了受身形］
> The matter *is being discussed* by the committee.
> （その問題は現在委員会によって討議されている最中だ）
> 　　　　　　　　　　　　　　　　　　　　　［進行受身形］

それぞれ，HAVE・BE のコアに基づいて解釈すれば，「彼らは，〈朝からずっと働いているという動作の進行がすでになされた状態〉を have している」，「そのプリンターは，〈すでに修理がなされたという状態〉を have している」，「その問題は，〈委員会で議論されているという受身の行為が進行中の状態〉に今ある」という具合に

理解することができる。

　以上，BE, HAVE を通じて，「進行形」「受身形」「完了形」「アスペクト」についてみてきた。英語の実際の表現においては，動詞はテンスとアスペクトの情報を含む融合体として示される。具体的な動詞の形にはさまざまなバリエーションがあるのはたしかだが，BE と HAVE のコアに注目することによって，動詞の変化形のあらゆる形に柔軟に対処でき，また，自信をもってそれらを使い分けられるようになっていくはずである。

2 GIVE と「二重目的語構文」

　一般に，GIVE は「与える」という訳語でとらえられている。しかし，その理解の仕方では，She *gave* a cry.（彼女は叫び声をあげた）や The experiment *gave* good results.（その実験はいい（有意義な）結果を出した）などを上手く説明できない。John *gave* his coat to the hotel clerk.（ジョンはコートをホテルの従業員に預けた）で「与える」としたのでは，その意味内容を誤解してしまう。また，Never *give* up!（絶対にあきらめるな！）のようなイディオムでも，なぜ GIVE を使うのかピンとこない。

　訳語とは別に，GIVE の理解の仕方について，今ひとつ大きな問題がある。それは，I *gave* him some money.（彼にお金を与えた）などのいわゆる「二重目的語」をとる「第4文型」の構文は，I *gave* some money to him. のように前置詞句を伴う「第3文型」に書き換えられるという説に関するものである。これが不正確な説明であるのは明白である。なぜかと言えば，*Give* me a break.（ひと休みをくれ→勘弁してくれ（冗談はやめてくれ））などの例では，Give a break to me. とは言わないという事実があるからだ。She always *gives* me a headache.（彼女はいつも僕を悩ませる）でも，She always gives a headache to me. とすると，まともな英文ではなくなってしまう。

　これらの事例は，「与える」という訳語や，文型に基づく書き換えの発想では，GIVE の本質は決してつかめないということを物語っている。

GIVE のコアと構文展開

　これに対して，レキシカル・グラマーでは，GIVE のコアを

〈自分のところから何かを出す〉と捉える。このコアを視覚的なイメージで表現すると以下のようになる。

give

© Benesse Corporation 2003

GIVE のコアに含まれる「自分のところ」というのは，HAVE 空間にあたる。そこから何かを「出す」というのが，GIVE のコアである。このコアから展開することによって，GIVE には主に以下の 3 タイプの構文が生じる。

 I give A   — A を自分のところから出す
 II give A to B — A を自分のところから出して，B に向ける
 III give B A   —「B が A を HAVE する状況」を生み出す

I の代表的な用法には，She *gave* a cry.（彼女は悲鳴をあげた）などがある。これは，悲鳴を自分のところから出したというイメージで，a cry 以外にも，a belch（ゲップ），a cough（せき），a hiccup（しゃっくり），a laugh（笑い声），a moan（うめき声），a shout（叫び声），a sigh（ため息）など，口から「(音や声) を出す」と言う意味合いで使われることが多い。

次に，II と III を合わせて検討する。一般に，III の give B A が II の give A to B に書き換えられると言われるのだが，「形が違えば意味も違う」とすれば，構文の違いは必然的に意味の違いを生むと考えるほうが理にかなう。すなわち，give A to B では，「A を出してそれを B に向ける」という段階的なプロセスが感じられるものの，その A を B が自分のものとするというところまでは必

ずしも意味されないのに対して，give B A の構文では，「B が A をわがものとする」ということが明示的に想定されているという違いがあるのである。give A to B の構文は，あくまでも，「自分のところから何かを出して，それを誰かに向ける」ということであるため，相手がそれを拒む可能性もあれば，それを単に預かることもあり得る。だからこそ，John *gave* his coat to the hotel clerk. などの「預ける」「手渡す」といった例も説明可能になるのである。

GIVE の構文タイプ II と III について，I *gave* some money to him. と I *gave* him some money. の例を使って，具体的に比較してみよう。I *gave* some money to him. というのは，some money というモノを give して，それを彼に向けた（to）ということである（前置詞 to については，第 II 部 6 章を参照）。ただし，「向けた」といっても，それを相手がわがものとしたかどうかは確定していない。これをコアをふまえて視覚化すれば，たとえば，以下のように表現できる。

I gave [some money] to [him].

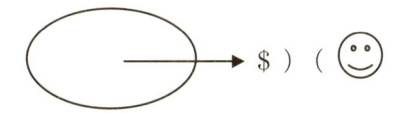

ここでは，たしかに，「私が自分のところからお金を出して，彼のところに向けた」ということが描かれている。ただし，このとき彼がそのお金を自分のものにするとは限らない。だから，たとえば I *gave* some money to him, but he would never accept it.（私は彼にお金を差し出したが，彼はそれを決して受け入れようとはしなかった）という表現も意味をなすのである。

to のコアをふまえて文字に図像的な表現を組み込んで，以下のような表記を工夫することも可能である。

I gave some money) to (him.

この語句の並び具合と to のイメージから，以下のような解釈が自然と得られる。それは，some money が him のところまで移動することは示唆されるものの，to がダイレクトな接触を阻むクッションのようなはたらきをしているために，「彼 (him)」がその「金 (some money)」を HAVE するということが明示されてはいないという解釈である。

　一方，I *gave* him some money. ではまったく状況が異なる。今度は，but he would never accept it. を足すと内容的に矛盾してしまう。I *gave* him some money. では，「彼がお金を自分のものとする」ことが構文上に想定されているからである。これをあえて視覚的に表すとすれば，以下のようになる。

I gave [him some money].

→ [he HAVE some money]

「彼がお金を HAVE する状況」

つまり，I *gave* him some money. では，GIVE の対象は「彼」でもなければ，「お金」でもない。むしろ，「彼がお金を HAVE する状況」こそが GIVE の対象なのである。よく使われる用語に，I *gave* him some money. の him は「間接目的語」，some money は「直接目的語」，それら二つを合わせて「二重目的語」というのがある。しかし，目的語が二つあるとしたら，以下のような錯綜とした捉え方になり，この構文の本来の意味はつかめなくなってしまう。

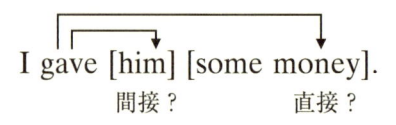

I gave [him] [some money].
　　　間接？　　　直接？

まず，I *gave* him some money. で him が gave の目的語というのは無理がある。端的に言って，I gave him. では意味をなさないからである。また，動詞により接近している him を「間接」目的語，動詞からより離れたところに位置する some money を「直接」目的語と呼ぶのもどこか釈然としない。「ここでの『直接』とは，『与える』という行為が直接的にはたらきかける対象という意味合いだ」と擁護したとしても，では，なぜそれが構文上に反映されていないのか不明なままである。

やはり，I gave に続く [him some money] という語のつながりは，「二つの目的語」として捉えるのではなく，「一つの状況」として捉えるべきなのである。ここでは，[him HAVE some money] という状況，つまり，「彼がお金を HAVE する状況」を表しているのである（ここでの HAVE は構文を説明する記号として使うため，人称・数・時制などは考慮せず大文字で記す）。

このように「動詞 + 名詞 + 名詞」の構文で，「名詞 + 名詞」の部分が「誰かが何かを HAVE する」という状況を示す場合，この「名詞 + 名詞」を HAVE 状況を示す「小さな節」とみなすことができる。ちなみに，「小さな節」には，HAVE 状況を表すものと，BE 状況を表すものがある。make の例をあげれば，She made him a sweater. は [him HAVE a sweater] という HAVE 状況を，They made their son a doctor. は [their son BE a doctor] という BE 状況を表す「小さな節」をそれぞれ含むものとみなせる。

このうち，HAVE 状況を想定するときに，GIVE においても「動詞 + 名詞 + 名詞」の構文が成立する。その意味で，give B A の構文は，「A の移動を示唆するものの，B が A をわがものとするとは限らない」という制約をもつ give A to B の構文とは明確な一線を画しているのである。これは同意文の書き換えという発想では決して説明がつかない問題である。特に，give A to B については，GIVE の構文に前置詞 to を組み込んではじめてその本質が見えてくる。これも，「形が違えば意味も違う」というレキシカル・グラ

マーが依拠するコア理論の主張をふまえてこそ可能となる理解のし方であると言えよう。

「動詞＋名詞＋名詞」の構文とその書き換え

　上の分析から理解できるように，GIVE＋名詞＋名詞の構文は，常に前置詞 to を使って書き換えられるわけではない。Give me a break. は，そのことを示す格好な例である。この英文は，[I HAVE a break] という状況を想定している表現だが，この a break は，some money のように自分のところから出して相手のところへ向けられる（移動可能な）対象ではない。それゆえ，Give a break to me. という表現は不自然になってしまうのである。She always *gives* me a headache. も同様である。もし，give a headache to someone と言ったら，それは「自分がもっている頭痛を出して，それを誰かに向ける」ということになってしまう。***Give** me a break.* にせよ，*She always **gives** me a headache.* にせよ，"me" は "a break" や "a headache" をもらう「受け手」なのではない。むしろ，"I have a break." や "I have a headache." という出来事の「経験主」として捉えられるべきなのである。

　「移動可能」でない対象をも受け入れられるという性質から，GIVE＋名詞＋名詞の構文は，前置詞 to を使った構文と比べて，抽象的な内容を示す場合も含めてより幅広い用法が可能になる。たとえば，She *gave* the door a kick. (彼女はドアを蹴った) のような行為を含意するケースもある。これは [the door HAVE a kick] という状況を想定しているのだが，ここで give a kick to the door と言えないのは，「蹴る」という行為を自分のところから出して，対象に向けて移動させるというイメージが成立しないためである。また，Working too hard *gave* him a heart attack. (一生懸命に働き過ぎて彼は心臓発作になった) のような無生物主語構文で因果関係を示す例もある。ここでも，「働き過ぎ」が「心臓発作」を出して，彼に向けるという捉え方はできないから give a heart attack to him という言い方は意味をなさない。やはり，「働き過ぎ」を原因として，He has a heart attack. という結果が引き起こされたという捉え方を反映して，give him a heart attack とするのである。

コラム 「動詞＋名詞＋名詞」の構文一般

GIVE 以外にも，「動詞＋名詞＋名詞」の構文をもつ動詞はたくさんある。GIVE のように to を使った構文をもつ動詞として，lend, send, teach, show などがある。また，for を使った構文をもつ動詞に，buy, choose, cook, make, get などがある。ここで参考までに，buy の例を使って書き換えを行った場合に，意味がどのように異なるか確認してみよう。

(1) He bought [Mary a nice present].

Mary HAVE a nice present というコト

(2) He bought [a nice present] for her.

a nice present というモノ

(1) は Mary a nice present の部分が「小さな節」になっていて，[Mary HAVE a nice present] という状況を示している。したがって，この文では，結果としてメアリーが彼のプレゼントを自分のものとして受け取ることが想定されている。一方，(2) では bought の対象はあくまでも a nice present というモノなのであって，それは「誰のためか」を示すために for her (彼女に差し向ける) という前置詞句が足されていることになる。ゆえに，この構文では彼女がプレゼントを受け取ったということまでは必ずしも含意されないということになるのである。

ここで確認できることは何かと言えば，GIVE の構文理解において有効な HAVE 状況を伴う「小さな節」による分析法は，他の同種の構

文においても妥当性をもつということである。それは翻って，他の動詞の構文理解と一貫した形で GIVE の構文理解が可能になっているということであり，ここにレキシカル・グラマーの一貫した説明力を垣間見ることができる。この点を少し敷衍するため以下にいくつか例を足しておこう。

Open me a can of beer. はなぜ可能か

「第 4 文型の動詞は二重目的語をとる」と言われる。しかし，その捉え方だと，「動詞＋名詞＋名詞」の構文をとる動詞が，意味的動機づけなしにあらかじめ決められているという印象を与えてしまう。事実は決してそうではないということを，以下の例を通じて確認しておきたい。

たとえば，Open me a can of beer.（ビールの缶を開けて）という表現は自然なのに，Open me the door. には強い違和感を覚えるというのは，どう説明したらよいのか（この用例の比較は白井 (2008) に負う）。ここでは，open が「第 4 文型の動詞」であると言っても，そうでないと言っても矛盾してしまう。これは，文型の分類が意味的動機づけを欠いた機械的作業になってしまっているために起こる必然的な結果である。実はここでも，GIVE の分析で行ったのと同様に，HAVE 状況が想定されるか否かが判断の基準になっているのである。

  Open [me a can of beer].
  —I have a can of beer. という状況がイメージできる
  ?Open [me the door].
  —I have the door. という状況がイメージできない

動詞はある文型にあらかじめ割り振られているわけでは決してない。むしろ，動詞にはそれぞれ固有の本質的な意味（コア）があって，それが文脈に応じて使用可能な構文として定着していると捉えられるのである。

その他の「動詞＋名詞＋名詞」の構文

動詞によっては，「動詞＋名詞＋名詞」の構文をもちながら，前置詞句を使った構文となじまないものもある。その代表として，cost と

save があげられる。しかし，これらにおいても HAVE 状況による分析は有効である。

たとえば，Your timely advice *saved* me a lot of time. (あなたがタイミングよくアドバイスしてくれたからずいぶんと時間がはぶけた) であれば，無生物主語構文で因果関係を示すものとして，以下のように分析できる。

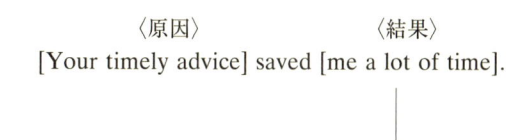

〈原因〉　　　　　　　〈結果〉
[Your timely advice] saved [me a lot of time].
　　　　　　　　　　　　　　　　　　|
　　　　　　　　　　　"I HAVE a lot of time."

つまり，「あなたのタイミングのいいアドバイス」が，I have a lot of time. という状況を維持できるように (時間の浪費を) save してくれたということである。save me a lot of time の表現では，me と a lot of time の前後関係を逆にして前置詞を使って表現することはないが，これは，save + A + B における B は，A に向けて移動させたり，差し向けたりする対象として捉えられないためであろう。save とは「すでに所有しているモノを浪費しない」という意味合いであるから，モノだけをまず想定してから，それを人のもとへ届けるというような分析的表現とは相容れないということである。

今ひとつ cost の例として，It will *cost* you $500 to repair the car. (その車の修理には 500 ドルかかるだろう) などがあるが，これは以下のように分析できる。

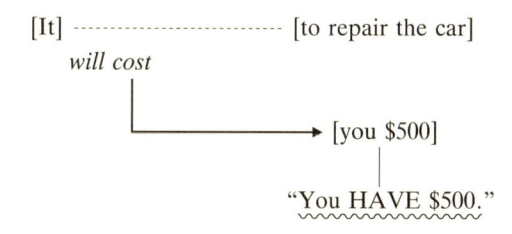

[It] ---------------------------- [to repair the car]
　　will cost
　　　└──────→ [you $500]
　　　　　　　　　　　|
　　　　　　　　　"You HAVE $500."

cost とは，「経費として要する」という意味合いであることから，

"You HAVE $500" という状況が想定される。そこで cost [you $500] という小さな節を含む表現が可能となる。もちろん cost であるから，結果として 500 ドルを獲得するわけではない。が，HAVE 状況が想定されていることには変わりがないために，ここでも「動詞＋名詞＋名詞」の構文が成立しているのである。そして，この例においても，前置詞句を使った分析的な表現は成立しないのだが，それも cost＋A＋B において，B という対象をまず単独で想定してから，次にその B を A と関係づけるという手続き的な捉え方をしないためだと考えられる。

これらの例は，to や for などの前置詞を使った構文が前提になくても，HAVE 状況がイメージできれば，「動詞＋名詞＋名詞」の構文が独自に可能になるということを示唆している。そのこともまた翻ってみれば，Give me a break. が Give a break to me. とはならないということの傍証として意味をもつはずである。

TELL と SAY

「動詞＋名詞＋名詞」の構文で HAVE 状況を想定できる動詞には，tell などの発話動詞もある。tell という動詞は，I *told* him the truth. のような用法が可能だが，それは tell が「何かを人に伝える」という伝達に重きを置く動詞であり，伝達すべき情報が相手に受け入れられることを想定するのが自然だからである。つまり，[him HAVE the truth] という状況をイメージして，him the truth という語句のつながりを HAVE 状況を表す「小さな節」として，tell の対象にできるということである。

しかし，say の場合は，He *said* nothing to me.（彼は私に何も言わなかった）と表現することはあっても，He said me nothing. とは言わない。say は「何かを言う」という発話の内容にフォーカスをあてる動詞であって，相手への伝達を必ずしも意味しないからである。自分が言葉を出して，それを誰かに向けるというときに，"to＋人" を加えるのである。ちなみに，この発想は explain という動詞においても同様である。say と explain は，以下のように give A to B の構文と同じ形が可能になる。

2 GIVEと「二重目的語構文」　45

say [explain] A to B のイメージ

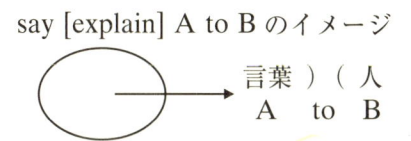

```
                    ──→ 言葉 ）（ 人
                         A    to   B
```

explain も，say と同様，自分のところから言葉を説明として発するものの，それを相手が HAVE する（内容として受け入れる）かどうかは不明であるために，HAVE 状況を示す「動詞＋名詞＋名詞」の構文は使われないということであろう。「誰かに」という説明のあて先を示すときに to を使って表現するのも say と同様である。まずはメッセージを自ら発してそれを他者に向けるという発想において，explain は say とよく似ている。

　以上，GIVE との関連で一般に「第 4 文型」と呼ばれる構文やその周辺に位置づけられる用例をみてきた。ここでのポイントは，「動詞＋名詞＋名詞」の構文が使えるかどうかは，文型によって自動的に決まるのではなく，むしろ，HAVE 状況が想定できるか否かという意味的な動機付けに依存しているということである。この構文は，「二重目的語」をもつのではなく，「名詞＋名詞」の部分がひとカタマリの「小さな節」として，「誰かが何かを HAVE（所有・経験）する状況」を表していると理解することが大切である。HAVE 状況がイメージできるか否か，その意味的な動機づけがつかめれば，それを「名詞＋名詞」という小さな節に反映させて動詞につなぐことができるようになる。これは機械的な暗記とは異なる英語の構文感覚につながるはずである。
　レキシカル・グラマーの視点から GIVE とそれに関連する動詞構文の分析を通じて得られる知見は，単に GIVE の構文的可能性を正確に理解することを可能にするだけではない。むしろ，動詞の構文を論じる際にも，動詞のコアに基づく意味的動機づけという観点から構文展開のし方を探ることの有効性を示唆しているように思

われる。ただし、動詞の構文論を本格的に展開するとすれば、それはまた固有の論題となる（動詞の構文タイプについては、田中 (2008) を参照）。

　いずれにせよ、レキシカル・グラマーの観点からして肝心な点は、動詞の意味（コア）こそが構文の幅を決定する要因になるということである。その気づきを得て、はじめて、意味的な動機づけに基づく柔軟な構文形成力を育てるということが現実的な到達目標となり得るのである。

3　MAKE, HAVE と「使役構文」

　人に何かを「させる」といった使役の意味合いをもつ動詞の代表格として，MAKE と HAVE があげられる。では，She *made* him go. と She *had* him go. に意味の違いはないのか。また，She made him to go. という表現が成立しないのはなぜか。これらの問についても，レキシカル・グラマーによれば明確な論拠をもって説明可能であるということを示してみたい。

　MAKE と HAVE を使役の構文で「使い分ける」ことは，それぞれの動詞を多様な構文の中で「使い切る」こととつながっている。レキシカル・グラマーは語彙から文法を捉えるものだが，その語彙とは概して多様な用法をもつ基本語であり，その語彙項目の一つでさえ使い切ることは容易でないものばかりである。しかし，その幅広い構文的可能性を視野に納めた上で，特に文法現象に注目するのがレキシカル・グラマーの分析の射程である。したがって，文法力を育てることが，基本語を使い分けつつ使い切る力と直結するというのも，レキシカル・グラマーのメリットの一つなのである。

　さて，MAKE と HAVE の使役構文を理解するにあたっては，まず，以下の点をおさえたい。それは，MAKE は「生産」，HAVE は「所有・経験」に関わる動詞だが，それぞれモノだけでなくコト（出来事）を対象とする構文にも展開するということである。そのコトを対象とする構文の中で，特に「人が何かをする状況」を make したり have したりするというときに「使役」の用法が生じる。レキシカル・グラマーでは，動詞の対象がモノであれコトであれ，そこには共通のコアが作用していると捉えるのである。まず，MAKE から具体的にみていくことにしよう。

MAKE のコア

　MAKE のコアは,〈素材の形を変えて何かを作る〉というものである。このコアを視覚的に表すと,以下のようになる。

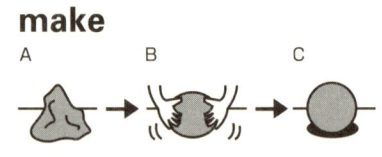

make

A　　B　　C

© Benesse Corporation 2003

このコアイメージから分かるように,MAKE の構文では,常に「変化(加工)」を前提とする「産物(結果)」が示される。コアをよく吟味すれば,MAKE が表す動作には,以下のように「作り手」と「素材」と「産物」が関与していることがわかる。

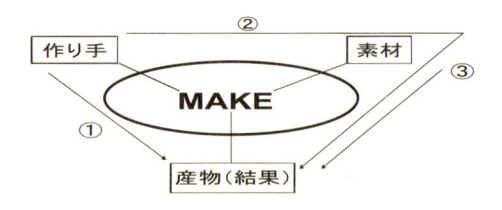

　作り手　　　②　　　素材
　　　　　　MAKE　　　　③
　　　　①
　　　産物(結果)

MAKE を実際の文脈で使うときには,必ず結果としての「産物」が示される。コアに照らしてみれば,「変化(加工)」を経て生じる「産物(結果)」を示してこそ,MAKE の構文と言えるからである。ただし,その「結果」は「モノ」とは限らず「コト」となる場合もあり,そのときにはコト(出来事)を表示する必要性から概して構文が複雑化するのである。また,「素材」や「作り手」は場合によっては構文の表面に現れないこともある。このような特徴をもつ MAKE の構文には,主に以下の3タイプがある。

　MAKE の主な構文タイプ

Ⅰ　［作り手］MAKE［産物］(from/out of 素材)

Ⅱ ［作り手］MAKE［素材 into 産物］
Ⅲ ［素材］MAKE［産物］

これらのうち，最も身近な用法はⅠであろう。She *made* a cake. (彼女はケーキを作った) のように，素材には言及せずに，「作り手」と「産物」を示すお馴染みの構文である。They *make* wine *from* grapes. (彼らはぶどうからワインを作る) のように，「原料からの変化」を from で，また，「素材から成る」という状況を (out) of で示すこともあるが，これらの情報は選択的なものである。

Ⅱでは，［素材 into 産物］という変化のプロセスそのものが MAKE の対象となる。They *make* grapes into wine. (彼らはぶどうをワインにする) というとき，作られるのは wine であるが，MAKE の作用が wine にだけ及ぶと考えるのは語句の配列からして不自然である。しかし，逆に，「grapes が makes の目的語となる第3文型で，into wine は修飾語となる副詞句である」と捉えてしまうと，この英文を「ぶどうを作る」と解釈していることになってしまう。

これは文型の発想には限界があるということを示す例であるし，また，「目的語」という概念も誤解を招く可能性があるということを示唆している。object は本来「対象」という意味合いだが，今ここでの make の対象は [grapes into wine] というプロセスそのものなのであって，grapes というモノでも wine というモノでもない。「対象」と捉えれば，この解釈が自然と理解されるにもかかわらず，「目的語」は「語」であるという前提があるために，その解釈が許容されなくなってしまうのである。そして，本来は動詞の対象ではないはずの物 (grapes) を「目的語」と位置づけることで，構文の正確な理解が犠牲にされてしまうのである。

やはり，意味的な動機づけを欠いた用語に依存しすぎると，無意識に誤った理解の仕方を踏襲してしまう可能性がある。その種の用語については抜本的な見直しがはかられる必要があるのだが，ここ

では，さしあたり，「目的語」という用語は避けて，「対象」という表現を使うことにする。そして，その「対象」にはモノだけでなくコトも含まれると捉える。今あげた構文では，MAKE の対象が，[grapes into wine] というコト（変化の過程）であるという理解が決め手となる。

III では，「素材が産物になる」という変化が強調される。ただ，「作り手」が背景に退いて構文の表面から姿を消すというのが，II との違いである。This novel will *make* a nice story for a screenplay.（この小説は映画にふさわしい話になるだろう）なら，「この小説」は「映画にふさわしい話」を MAKE する「素材」とみなされる。He will *make* a nice husband.（彼はよい夫になるでしょう）も同種の例で，このときの「彼」は，「よい夫」の「作り手」というよりも，むしろ「素材」とみなされる。

「産物」がコトになる MAKE の構文

MAKE の構文では，常に「産物」が現れる。しかし，上にふれたとおり，その「産物」がモノではなくコトとなると構文が複雑化する。その種の構文には以下のようなものがある。矢印の右側には，それぞれの構文がどのようなコトを対象としているかを分析的に記してある。

(1)　She *made* [him a cake].　　← him HAVE a cake
(2)　She *made* [him a nice wife].　← him HAVE a nice wife
(3)　She *made* [him a nice husband].
　　　　　　　　　　　　← him BE a nice husband
(4)　She *made* [him happy].　　← him BE happy
(5)　She *made* [him cook supper].← him cook supper

MAKE がモノではなくコトを産物として対象とする場合があるということ，そして，そのコトにはいくつかのバリエーションがあるということ，それらの点が了解されれば，上記のような構文の性質

もすんなりと理解できるはずである。

　(1) の She *made* him a cake.（彼女は彼にケーキをつくってあげた）では，[him HAVE a cake] という HAVE 状況が想定されるコトが MAKE の対象となっている。(2) の She *made* him a nice wife.（彼女は彼のいい妻になった）と (3) の She *made* him a nice husband.（彼女は彼をいい夫にした）は，それぞれ HAVE 状況と BE 状況を示す「小さな節」を含んでいる。前者では，[him HAVE a nice wife] という状況を MAKE したということから，「彼女は彼のいい奥さんになった」となる。後者では，[him BE a nice husband] の状況を MAKE した，つまり，「彼女は彼をいい夫にした」となる。一般に，「第 4 文型」と「第 5 文型」と分類される用法も，HAVE 状況か BE 状況の違いはあるものの，いずれかの「状況をつくり出す」という MAKE のコアに変わりはないのである。BE 状況を表す例には，(4) の She *made* him happy.（彼女は彼を幸せにした）のように，MAKE［名詞＋形容詞］の場合もある。これも "him BE happy" という状況が想定できれば容易に理解できるはずである。

使役の MAKE

　MAKE する対象が，「人が何かをする状況」となると，いわゆる使役の構文になる。(5) の She *made* him cook supper.（彼女は彼に夕食をつくらせた）は，[him cook supper] つまり「彼が夕食をつくる状況」を MAKE したという捉え方になる。これをあえて，She made a cake.（彼女はケーキをつくった）と比較してみるとどうだろうか。それぞれの構文における「産物」は何か，また，それを生み出すにいたる「変化」はどのようなものかという観点でみてみよう。

She *made* [a cake].

産物：a cake というモノ
変化：原料を加工してケーキができた

She *made* [him cook supper].

産物：he cook supper というコト
変化：「彼が夕食をつくらない状況」に働きかけて
　　　「彼が夕食をつくる状況」に変えた
　　　──強制的なニュアンスが生じる

　She *made* a cake. では，素材は明示されていないが，彼女がある原料を「加工」して「産物」としてのケーキをつくったということを表す。このように「変化（加工）」と「産物（結果）」が強調されるという点は，MAKE の対象がモノでもコトでも一貫している。

　She *made* him cook supper. は，[him cook supper]，つまり，He cook(s) supper. という状況が「産物」になる。ここでは，「彼が夕食をつくらない状況」（素材）があって，そこに働きかけること（変化）によって，「彼が夕食をつくる状況」（産物）を生み出したということを表す。この「働きかけ」には，説得，懇願，脅しなど状況によって様々なものが考えられる。そのようなわけで，「産物」を生むにいたる「変化」を含意する MAKE を使役の構文で使うと，本人が望まないことでもそうさせるといった「強制」の意味合いが生じることが多いのである。逆に言えば，使役の MAKE が強制的なニュアンスも，そのコアにさかのぼってとらえることができるということである。そしてこれこそが，同じ使役動詞でも，「結果の確保」を表すものの必ずしも強制的な意味合いをもたない

HAVE との相違になるのである。

HAVE のコアと構文ネットワーク

HAVE に関しては，すでに BE, HAVE と「進行形」「受身形」「完了形」「アスペクト」の項で，完了形 (have + done) の用法についてみた。ここでは，特に使役構文をカバーできるように，改めて HAVE の用法全般を見渡しておきたい。

HAVE のコアは〈何かを自分のところにもつ〉というもので，図式的には以下のように示すことができた。

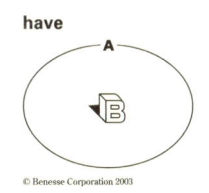

HAVE のコアに含まれる「自分のところ」を「HAVE 空間」と呼ぶなら，何かを have するとは，HAVE 空間に何かを有することであり，それは，何かを「所有」したり，ある事柄を「経験」したりすることを表す。こう捉えれば，以下のような HAVE の用法群について一貫した理解が得られるようになる。

(1) He *has* lots of money.（彼は金持ちだ）
(2) Let's *have* a talk.（話しましょう）
(3) I'll *have* him pick you up.（彼に君を迎えに行ってもらおう）
(4) He *had* his leg broken while skiing.
    （彼はスキーをしていて足を折ってしまった）
(5) I can't *have* you behaving like that.
    （そんな振る舞いはゆるさんぞ）
(6) I *have* lost my bag.（カバンをなくしてしまった）

HAVE の対象は，(1) の He *has* lots of money. のように手に取

れるモノだけでなく，(2) の Let's *have* a talk. のように行為や状況といったコトにもなる。

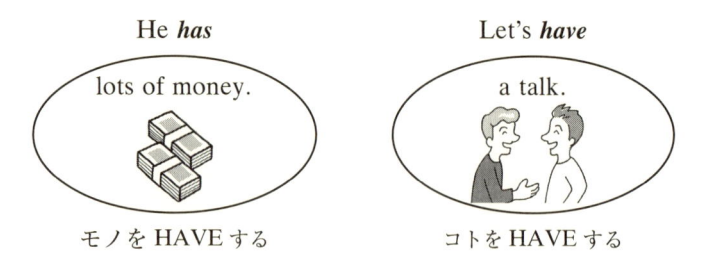

He *has* lots of money.

モノを HAVE する

Let's *have* a talk.

コトを HAVE する

上に示すようなモノではなくコトを have するという発想は，構文が複雑化した場合にも有効であり，上記例文では (3)-(6) がそれにあたる。

(3) の I'll *have* him pick you up. は，いわゆる使役構文である。これは，「彼が君を迎えに行く状況」を HAVE 空間に「もつ」ということで，以下のようにイメージすることができる。

I'll *have* him pick you up.

I'll *have* him pick you up. は，[him pick you up] というコト（状況）を，私が自分の HAVE 空間にもつつもりだという意味合いである。この HAVE は状態を述べるのではなく，Let's *have* lunch. にみられるような，主体の積極的な働きかけを感じさせるところがある。とは言え，HAVE は，本来，「所有」や「経験」を表す動詞であり，「変化」は意味しない。ゆえに，have A do という使役の構文は，A do（A がするという状況）を HAVE 空間に「もつ」ということから，そのような「状況を確保する」といった意味合いに

3 MAKE, HAVE と「使役構文」 55

なるのである。しかしながら、コアに照らして考えてみれば、MAKE の場合のように強制的に変化を引き起こすといったニュアンスは生じないということも、ごく自然と理解されるはずである。

(4) と (5) は、いずれも HAVE の後に「名詞＋分詞」が続く構文である。これらは BE を補って考えれば、それぞれ受身と進行の状況が示されていることが分かる。(4) の He *had* his leg broken while skiing. では、[his leg BE broken] という状況を have した、(5) の I can't *have* you behaving like that. であれば、[you BE behaving like that] という状況を HAVE 空間にもてない（つまり、容認できない）という具合に捉えられる。We *have* a taxi waiting outside. (外にタクシーを待たせている) などであれば、「使役」の一種として解釈できるが、いずれにせよ、be + doing の進行状況を have するという発想は変わらない。

He *had*

his leg broken

I can't *have*

you behaving like that.

We *have*

a taxi waiting outside.

そして、(6) の I *have* lost my bag. では、[lost my bag] の状態を(現在の) HAVE 空間に「もつ」と捉えられる。HAVE 空間のイメージが、完了形でも有効であることは、第Ⅱ部1章ですでにふれたとおりである。

コラム　**使役構文と不定詞**

　使役構文は一般に「誰かに何かをさせる」という意味合いになる。上に、HAVE と MAKE を使った使役構文についてみた。そこで、これとの関連で、いわゆる原形を使う「動詞 + A（人）+ do」の構文と、不定詞を使う「動詞 + A（人）+ to do」の構文の違いにふれておこう。「動詞 + A（人）+ to do」は、to do の〈行為と向いて〉という意味を反映して、〈A が行為に向くように V する〉という意味合いになる。つまり、「人が何かをするようになんらのはたらきかけを行う」という意味合いの動詞がこの用法をもつことになる。視覚的に描くと以下のようになる（第Ⅱ部6章を参照）。

　　　　　はたらきかけ
　　　　　⇒　　人　)（　行為
　　　　V　[A　to　do]
　　　V + A + to do: ＜A が<u>行為に向く</u>ように V する＞

この構文の V の位置で使える動詞を意味的に分類してみると、以下のようになる。

- ●「V + A（人）+ to do」〈A が<u>行為に向く</u>よう V する〉という構文で使える動詞
　誰かが〈行為に向く〉状況を得る［引き起こす］：get
　強制的・必然的に〈行為に向かせる〉：force, cause, compel など
　〈行為に向く〉状況を許す・禁ずる：allow, permit, forbid など
　言葉で相手を〈行為に向かせる〉：ask, encourage, tell, order,

persuade, require など

誰かが〈行為に向く〉のを望む: want, wish, would like など

用例としては, *Allow* me *to* introduce myself.（自己紹介をさせてください）, I *asked* him *to* help me.（彼に手伝ってくれるようにお願いした）, Do you *want* me *to* tell the truth?（私に本当のことを言ってほしいですか）などがあげられる。これらの表現は, A が〈行為に向く〉ところに焦点をあてるために, to do を使って表す（原形は使わない）という点で共通している。

次に, to do ではなく原形が使われる場合を確認しておこう。

- ●「V＋A（人）＋do」〈A が<u>行為をする</u>状況を V する〉という構文で使える動詞
  使役動詞: make, have, let など
  知覚動詞: see, hear, feel など

V＋A＋do（原形）の構文では,「使役動詞」「知覚動詞」と呼ばれる動詞が使われる。ここで原形を使って to do としない理由は, to do とすると〈行為に向いて〉という未来指向（まだなされていない）の意味合いが生じて,「行為をする」という意味あいとは異なってしまうためである。使役では,「人が何かをする」状況を確保する必要があり, 知覚では,「人が何かをする」状況を実際に感じ取れなくてはならない。そこで, make him go（彼に行かせる）や see her dance（彼女が踊るのを見る）のように, to do から to をとって do（原形）にすることで,〈行為に向いて〉ではなく〈行為をする〉という状況を表せる形にするのである。

HELP の用法

これとの関連で, help の用法についてみてみると, help A do と help A to do のいずれも可能だが, ここでも形に応じた意味の違いがあると考えられる。たとえば, I helped him *to finish* the work. であれば「彼がその仕事を終える（という行為に向く）よう手伝った」となり, I helped him *finish* the work. では「彼がその仕事を終えるのを（その行為そのものを）手伝った」といったニュアンスになる。to が「向

いて」というコアをもつことから，それがあるかないかで「行為に向いて」となるか，「行為をする」となるかの相違が生じるということである。

使役動詞の受身形

make + A + do は受身では to を伴って be made + to do となる（この点，see, hear, feel などの知覚動詞も同様）という現象がある。これはどのように説明したらよいだろうか。ここでは，受動態でもし原形を使うと，受動態の動詞チャンク（主語は行為を受ける側）と原形（主語の能動的行為）が意味的にクラッシュしてしまうところで，to をクッションのように用いてその衝突をふせいでいると言える。そして，そのときにも〈行為に向く〉状況が作られたという捉え方で理解できるのである。

 He made me sign the paper.
 → ×I was made＞＜sign the paper.
  ※受動態と原形（能動）が意味的に衝突してしまって事態を構成しにくい
 → ○I was made) to (sign the paper.
  ※to がクッションとなり，受動態と能動的行為をスムースに接続できる

to 不定詞（to do）と原形不定詞（do）については，従来，意味の差が明示的に語られてこなかった。「使役動詞と使うときには原形を選択する」というような暗記事項とみなされていた。しかし，上に分析してきたように，to do と do には，to があるかないかという誰の目にも明らかな相違がある。そして，その形の相違を反映した意味の相違があるというのがレキシカル・グラマーの捉え方であり，そう捉えるときにこそ，これまで不明であった使い分けの原理も浮上してくるものと思われる。

4 BE と「第 2 文型」

　学校英文法で盛んに議論されてきた項目の一つに，文型がある。しかし，「文型」といっても，そもそも「文」そのものを有限のタイプに還元できるわけではない。むしろ，動詞に続く必須の情報は何かということを問題にするのであるから，本来は「動詞の構文」として論ずるべきである。では，文型が動詞の構文のタイプ分けとして十分に洗練されているかといえば，それは明らかに否である。これには種々の理由が考えられるが，主な問題点として，動詞の必要情報の捉え方があげられる。まず，「目的語」は本来，「対象」とすべきであろう。これについては，すでに They make grapes into wine. の例をあげて指摘した。このとき，make の「対象」は [grapes into wine] という変化のプロセスなのだが，この英文を grapes を「目的語」とする第 3 文型と捉えると，意味内容を誤解してしまうのである。また，動詞に対して，「補語」は必須だが，副詞情報はそうではないとする考え方がある。しかし，I'm fine. の fine に劣らず，I'm here. の here も動詞の必要情報とみなすべきである（この点は以下にふれる）。これと関連して，I put a book on the desk. (本を机の上に置いた) などでは前置詞句がないと意味をなさないのだが，これを文型ではどう処理するのか。第 3 文型と分類しても，put の使い方がよりよくわかるようになるわけではない。もっと言えば，文型のアプローチでは，この種の前置詞句と密接なつながりをもつ動詞の用法全般が手薄になってしまう。

　しかし，これらは文型のシステム上の不備に過ぎない。より本質的な点を指摘するならば，意味的動機づけの欠如という問題がある。ある動詞がどのような構文で使われるのかということについて，まず「文型ありき」の発想になってしまい，なぜその種の構文

で使えるのかという動機づけが説明されないということである。You can keep it.(それとっておいて(君にあげるから)) と She kept silent.(彼女は黙っていた) のように,複数の文型で使われる動詞(実際に大半の動詞がそうである)では,文型が違えば意味も異なると言うだけで,なぜそれらの用法が可能なのか,また,それらの異なる用法の間にあるはずの意味的なつながりは何なのか,といったことが分析の射程に収まっていないのである。すると,学習する側としては,どの動詞がどの文型で使えるのかということを機械的に記憶していくしかないのだが,その種の作業をいくら積み重ねても,英語の動詞を使い分けつつ使い切れるようにはならないであろう。

では,レキシカル・グラマーでは動詞の構文をどう捉えるのか。レキシカル・グラマーでは,語のコアを通じて,多様な構文のあいだに相互の関連性を見いだすことに主眼を置く。ゆえに,動詞の構文についても,そのコアに基づいて統一的に把握することが可能となるのである。この点を,BE および「第2文型」の構文を題材に改めてみてみよう。

BE のコアと構文ネットワーク

BE のコアは〈(何かがどこかに)ある〉で,以下のようなイメージで捉えることができた。

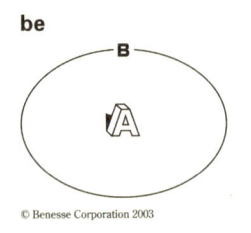

© Benesse Corporation 2003

この図式は,"A be B" において,「A が B が示す場にある」ということを表す。この「場」とは,物理的な「場所」に限られるものではない。文脈によって,「状態」や「集合」などがある種の「場」

と見なされることもある。そのように理解すれば，以下のような BE の用法全般について一貫した説明が可能となるのである。

(1) I *am* here. （私はここにいます）［BE＋副詞］
(2) She *is* in the kitchen.
    （彼女は台所にいます）［BE＋前置詞句］
(3) I *am* fine. （私は元気です）［BE＋形容詞］
(4) I think; therefore, I *am*.
    （われ思うゆえにわれあり）［BE＋φ］
(5) He *is* a student. （彼は学生です）［BE＋名詞句］
(6) The baby *is* crying for milk.
    （赤ん坊はミルクが欲しくて泣いている）［BE＋doing］
(7) The window *was* broken.
    （その窓は割れていた）［BE＋done］
(8) The prime minister *is* to visit Jakarta next week.
    （首相は来週ジャカルタを訪問する予定だ）［BE＋to do］

(1) の I *am* here. は，主語が存在する場所を示す BE の典型的な用法である。(2) の She *is* in the kitchen. のように前置詞句を用いた場合も同様である。(3) の I *am* fine. も，コアから解釈すれば私が「元気な状態」に〈ある〉となる。ここでは「状態」をある種の「場」と捉えている。

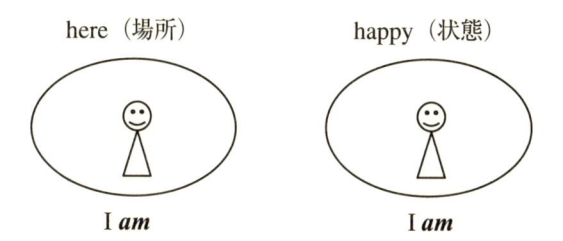

文型的には，I *am* here. は「第 1 文型」，I *am* fine. は「第 2 文型」とされる。「第 1 文型」の BE は存在を表し，場所を示す副詞

情報は文の要素から捨象されるのに対して,「第2文型」の BE は状態や属性を表し,いわゆる「補語」は不可欠な要素であると。しかし,これは実感を欠いた説明である。I *am* here. で, here をとって I am. としては意味をなさないからだ。たしかに, God is. などの例もあるが,ここでたまたま"BE + φ（名詞・形容詞・副詞のいずれも来ない）"という用法が可能なのは,主語の性質から,存在自体がクローズアップされ,「どこか」ということが問われないためである。(4) の I think; therefore, I am. も,場所を問わずに,存在そのものに焦点をあてている。これらを例外とすれば,主語のありかを述べる BE の用法では,場所の副詞情報は必須である。むしろ,コアから発想すれば, I *am* here. などが BE の典型例としてあって,そこから「場」を「状態」へ拡張することで, I *am* fine. などへ展開していくと捉えられるのである。

(5) の He *is* a student. も, BE のコアに照らして,「彼は学生という集合の一員で〈ある〉」と捉えられる。「〜である」は,「〜にて在る」ということで,そこにも BE のコアを感じ取ることができる。ここでは「集合」をある種の「場」とみなしているのだが,「集合の一員」という解釈は,「(複数あると想定される個体群からの)単一化」を表す不定冠詞の使用による。

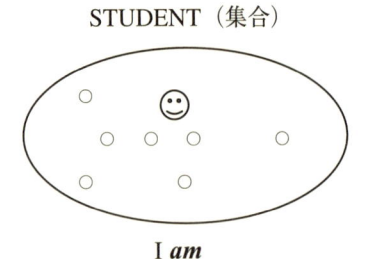

STUDENT（集合）

I *am*

Ken *is* our leader. のように,"A be B" の A と B を交換しても事態が変わらない場合もある。これは, A と B が集合論的にピタリと重なるときに生じる用法として捉えることができる。

進行形・受身形・be to 構文の BE

すでに見たとおり，BE のコアは進行形や受身形の助動詞と呼ばれる用法にも当てはまる。(6) の The baby *is* crying for milk. であれば，赤ん坊が「ミルクを求めて泣いている状態」に〈ある〉，(7) の This window *was* broken. であれば，窓が「割られた状態」に〈あった〉という具合に捉えられる。

(8) の The prime minister *is* to visit Jakarta next week. は，いわゆる be to 構文で，ここでは「予定」を表している。be to do は，このほかに「義務」「可能」「必要」「運命」などの解釈もあるとされる。しかし，これらはいずれも，BE に to do を合成することで理解可能となるものである。すなわち，主語が to do が示す〈行為に向く〉状況に〈ある〉と捉えて，それを具体的な文脈に当てはめることで妥当な解釈が引き出せるのである (p. 83 の「BE TO 構文」の項を参照)。

「第 2 文型」の用法をもつ動詞群

BE 動詞との関連で，いわゆる「第 2 文型」の用法をもつとされる他の動詞群についてもふれておきたい。それらのうち主なものとして，以下の動詞があげられる。これらの動詞は，概して，BE に置き換えても文として成立するものである。

> 変化を示すもの： become, get, come, go, grow, turn
> 状態を示すもの： keep, lie, remain, stay
> 知覚や判断に関わるもの： look, sound, smell, taste, feel, seem, appear

上記の動詞のうち，いわゆる「第 2 文型」が中核的な用法になるのは become と seem くらいで，その他の動詞に関しては，他に主要な用法があって，そこから用法の拡張がなされたものとみなすことができる。これらの動詞においては，直後にくるのは形容詞がふつうであって，名詞がくるのはむしろ稀だという用法上の制約もそ

の拡張のルートを示唆していると思われる。たとえば, She *stayed* awake all night. (彼女は一晩中起きていた), You *look* great. (とても素敵だよ), I *kept* silent. (私は黙っていた) などで用いられる動詞は, 後ろに名詞を置く用法はないか, あるいはそうすると用法自体が変わってしまう。では, この種の「動詞＋形容詞」となる派生的用法はどのような意味的動機づけから成立しているのだろうか。それには以下の三つのケースが考えられる。

(i) 本来,「場所」の副詞を伴う「存在」や「移動」を表す自動詞が, 直後に形容詞を伴って「ある状態にある」ことや「ある状態になる」ことを表す用法へ拡張されたもの。
e.g. stay, remain, lie; come, go, turn

(ii) 事物を対象とする知覚行為を表す用法に基づいて, 視点を反転させることによって, 知覚される対象の状態を形容詞で描写する用法へ展開したもの。
e.g. look, smell, taste, feel

(iii) 「動詞＋名詞＋形容詞」の名詞が自明の情報として欠落したもの。
e.g. keep, get, prove

まず (i) では, BE の「場にある」から「状態にある」への展開と同様の用法の拡張がみられる。すなわち, I'*m* here. (私が「ここ」という場所に〈ある〉) に対して I'*m* glad. (私は「うれしい」といえる状態に〈ある〉) が可能なのだが, それと同様に, *stay* here ((どこかへ行かずに)ここにとどまる) から *stay* young ((老けずに)若いままでいる) に展開するということである。ここで stay のコアを確認すると,〈(他の場所へ行かずに)とどまる〉というものである。

4 BE と「第 2 文型」   65

stay¹

© Benesse Corporation 2003

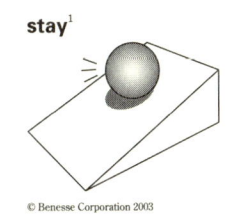

　このコアイメージを,「場にとどまる」という文脈から「状態にとどまる」へと応用すると, 以下のような用法の展開を理解することができる。

Let's ***stay*** here.　　　　　Let's ***stay*** young.

here（場所）　there（場所）　　young（状態）　old（状態）

　同様の発想で, ***remain*** here（ここに残る）〜 ***remain*** single（独身のままでいる）, ***lie*** here（ここに横たわる）〜 ***lie*** awake（起きて横になっている）の展開もイメージすることができる。

　これらはいずれも,「第 1 文型」と「第 2 文型」という両極に分断されてしまうと, その意味の連続性がみえ難くなってしまう。ここでも here という副詞は不可欠な情報で, その「場」のイメージを「状態」になぞることで, それぞれ「場所にある」から「状態にある」への展開が生じている。言い換えれば,「状態」をある種の「場」として見立てるという比喩的な拡張が行われているということである。また, それゆえに, 動詞の直後にくるのは名詞よりも状態を描写する形容詞がデフォルト（基本形）になるのである。ここでの理解のポイントは, 動詞のコアを共有しつつ,「場所にある」という基本的な用法から「状態にある」という文脈への応用がなさ

れているということである。

COME と GO

これらのほかにも,「(場所の)移動」から「(状態の)変化」へと拡張される動詞があるが,その代表格が come と go である。Dreams *come* true. (夢がかなう) は,*come* here のイメージが前提にあって,〈手が届くところに来る〉という感じを表している。一方,*go* bad, *go* mad, *go* wrong などの用法は,*go* there の〈手が届かないところに離れていく〉というイメージを反映して,「手に負えなくなる」といった意味合いの変化を表す。これらの二つの移動動詞のコアは,come が〈視点の置かれているところに移動する〉,go は〈視点が置かれているところから離れていく〉であり,その視点の置き所の相違がこれらの比喩的用法の意味の違いを生み出していると考えられる。

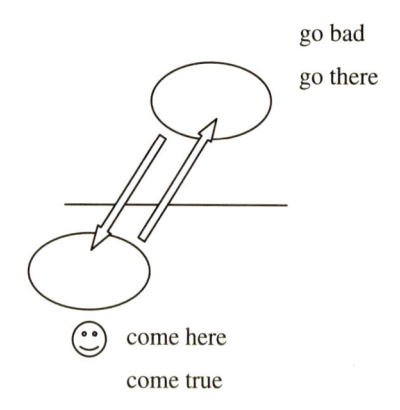

go bad
go there

come here
come true

移動という観点で言えば,turn をここに含めることもできる。The leaves *turned* red. (葉が赤くなった) では,次ページに示すような〈向きを変える〉というコアから「色が変わる」へと用法が拡張されている。

turn

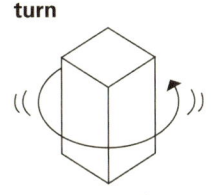

© Benesse Corporation 2003

　以上，ここでみてきた変化を示す動詞においても，やはり動詞の直後にはまず形容詞がくる。このことは，場所を示す副詞は状態を示す形容詞と比喩的にリンクしやすい，つまり，「変化」は「移動」に見立てやすいということも示唆している。

　文型的な分類では，自動詞の後ろに副詞があれば「第1文型」，後ろに形容詞があれば「第2文型」となって，文型によって意味が異なると考える。その結果，本来あるはずの意味の連続性が見えなくなってしまう。一方，コアに基づく語彙文法的な発想であれば，存在や移動に関する表現が土台にあって，それが比喩的に拡張されることで派生的な構文が生じるという柔軟な理解が得られるのである。

　次に (ii) は，人が主体として何かを感覚的に捉えるときに，その対象の側に視点を反転させて，それを構文上の主語として取り立ててその様子を描写する表現である。この用法をもつのはいわゆる五感に関わる動詞である。

　たとえば，***Look*** at the baby.（あの赤ちゃんを見てごらん）→ She ***looks*** cute.（かわいいね）の look の用法拡張においては，目線を向ける主体の動作から，その目線を向けた対象の見え方（様子）へと焦点がシフトしている。これも look のコアが〈目線を向ける〉であると知れば，なぜそのような表現が可能かが理解できる。次ページに掲げる look のコアイメージを参照しながら，この点について確認してみよう。

look

© Benesse Corporation 2003

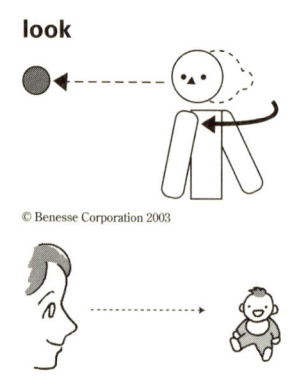

Look at the baby.　　She *looks* cute.

類例として以下の展開がみられる。

> *smell* the flower（花のにおいをかぐ）
> → This flower *smells* sweet.（この花は甘い香りがする）
> *taste* the soup（スープを味見する）
> → The soup *tasted* delicious.（そのスープは美味しかった）
> *feel* the sand（砂の感触を味わう）
> → The sand *felt* smooth.（その砂はさらさらした感じがした）

聴覚に関しては，listen や hear からの反転はなされずに，That *sounds* great!（それはすごくいいね!）のように，sound を使って聴覚の対象である音に注目した表現をする。これは，聴覚器官が視覚の場合と比較して受容的な性質が強いということが関係しているのかもしれない。

「～のように見える」という意味合いでは，look が視覚による判断を示し，seem は五感を含む主観的判断を表すのに対して，appear は〈姿を現す〉という元来の意味合いに基づき，外見から受ける印象を表す傾向がある。appear は look より対象自体に焦点が置かれるのである。すると，appear はその本来の語義からす

れば，look などの感覚に関わる動詞というよりも，(i) でみた come や go などの移動を示す自動詞の仲間に入れることもできるかもしれない。そうすると，She *looks* happy. では，観察者が目線を向ける結果どう「見える」かを述べているのに対して，She *appears* happy. では，彼女の姿がどう立ち「現れている」かを問題にしているという微妙な違いもより感じとりやすくなるように思われる。

最後に (iii) は，「動詞 + 名詞 + 形容詞」となるべきところで，名詞が自明の要素として欠落したと考えられるものである。たとえば，She *kept* silent. は「彼女は黙っていた」となるが，これは〈自分自身が黙っている状態を維持していた〉と捉えることができる。そこから以下のようなプロセスを経て，「名詞 + 名詞」で BE を補って解釈ができる「小さな節」において，oneself（自分自身）という自明の情報が欠落することによって "keep + 形容詞" という構文が成立すると考えられる。

 She *kept* [herself silent].
 → She *kept* [ϕ silent]
 → She *kept* [silent].

このように，keep でも「第 2 文型」では，直後に来るのは名詞ではなく形容詞である。もし，"keep + 名詞" としたら，それは「状態の維持」ではなく「対象の維持」を表す別の構文になる。

類例として，get や prove もここに含むことができる。He *got* angry. と The rumor *proved* (to be) true. を例に分析してみよう。

 He *got* [himself angry].
 → He *got* [ϕ angry]
 → He *got* angry.

The rumor *proved* [itself (to be) true].
→ The rumor *proved* [φ (to be) true].
→ The rumor *proved* (to be) true.

上の分析に従えば，He *got* angry. とは，〈彼〉が [himself BE angry]. という状況を get したということである。その himself は明示しなくてもわかるため，構文の表面から姿を消して He got [φ angry]. となり，そこから "get＋形容詞" の表現が確立する。同様に，「その噂は本当だとわかった」というときに，〈噂〉を主語にして prove という動詞を使えるのは，〈それ自体が事実であるというコト〉を対象としてイメージできるからである。つまり，prove の対象はまず [itself (to be) true] である。そうであれば，ここでも the rumor そのものを指す itself が自明のものとして隠れることで，The rumor *proved* (to be) true. という表現が得られることになる。

この get と prove でも，直後に名詞を置くと文型的には別の用法になるのだが，それらも動詞のコアから展開したものと捉えれば，分類に拘泥することなく文脈に応じた柔軟な理解が得られるようになる。

上記の分析で，一般に「第 2 文型」と呼ばれている用法に関して，そのすべてが明らかになるわけではないかもしれない。しかし，以下のことは確かに言える。それは，文型が先に決まっていてそこに動詞が割り振られているのでは決してなく，動詞の本質的意味（コア）が文脈に応じて展開されることによって，個々の構文が成立しているということである。

このように，一般に「文型」と呼ばれる現象についても，動詞のコアとその展開から生じる構文の幅と捉えれば，「なるほど」という納得が得られるようになる。そして，そこから，それぞれの動詞を使い切る力もやがて育ってくることが期待されるのである。

5　GETと「構文」の幅

　GETは構文の幅が実に広い動詞である。その多様な用法を具体的に記してみると、たとえば、以下のようになる。

GET+名詞	I got some money.
+形容詞	She got angry.
+副詞	We got home.
+前置詞+名詞	We got to the station.
+過去分詞	He got injured.
+現在分詞	They got talking.
+to do	We got to know each other.
+名詞+名詞	Get me the key.
+名詞+形容詞	Get everything ready.
+名詞+副詞	Get me out.
+名詞+前置詞+名詞	We got them to the station.
+名詞+過去分詞	Get it done right away.
+名詞+現在分詞	Get the car moving.
+名詞+to do	I got him to help me out.

これらを文型によって分類すれば、以下のようになる（分類の仕方は立場によって異なる可能性がある）。

　I　We got home. / We got to the station. / He got injured. / They got talking.
　II　She got angry.
　III　I got some money. / We got them to the station. / We got to know each other.

IV　Get me the key.
 V　Get everything ready. / Get it done right away. / Get the car moving. / Get me out. / I got him to help me out.

仮にこのように分類を行ったとしても，GET の用法がよりよくつかめるかと言えば決してそうではない。むしろ，本来は見えてくるはずの意味のつながりが，かえって分断されてしまうといううらみがある。

たとえば，They *got* talking.（彼らは話し始めた）は，talking に動作進行の（未完結な）状態を表す形容詞的な性質を認めるとしたら，She *got* angry.（彼女は怒った）と類似の用法とみなせるにもかかわらず，異なる文型に分類されることから意味のつながりが見えなくなってしまう。*Get* me the key.（私に鍵をください）と *Get* me out.（私を出して）は，それぞれ [me HAVE the key] と [me BE out] という「小さな節」を含んでおり，HAVE 状況か BE 状況かという違いはあっても，これらの「小さな節」を GET の対象とする点では共通している。しかし，その共通性も異なる文型に分類される結果，見過ごされてしまう。さらに，We *got* to know each other.（私たちはお互いに知り合いになった）と I *got* him to help me out.（なんとかして彼に助けてもらうようにした）では，いずれも to 不定詞が使われているが，文型が違うとされるために両者のあいだの共通性に意識が向けられなくなってしまうのである。

GET のコア

これに対して，コアから発想すれば，GET は〈ある状況を得る［引き起こす］〉であり，そこからすべての用法を統一的に捉えることが可能になる。この GET のコアを視覚的に描くとすると，たとえば次ページに示すようなイラストによる表現が可能である。

5 GETと「構文」の幅

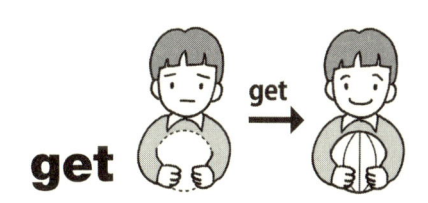

図式的に一般化すれば，以下に示すように，GETの構文はすべて，「〜でない状況」から「〜である状況」への「変化」を表すという意味成分を含んでいる。

GET
φ ─────────────→ ○
〈〜でない状況〉　変化　　　結果 〈〜である状況〉

〈引き起こす〉というのは，GETがもたらす「変化」に注目した捉え方で，〈得る〉と言えば，その変化によって生じる「結果」に焦点があたる。GETをこのように捉えると，具体的な構文については，HAVE / BE / DO のうちいずれかの状況を〈得る［引き起こす］〉という具合に，三つのクラスターに整理して理解することが可能になる（次ページ囲み記事参照）。この分析に基づいて，以下，いくつか具体的な用例で，GETのコアのはたらきを確認してみよう。

We *got* home. — We were home. という状況を引き起こした →「家に着いた」

She *got* angry. — She was angry. という状況を引き起こした →「怒った」

He *got* some money. — He had some money. という状況を引き起こした →「金を得た」

Get me the key. — Get [me HAVE the key]. と捉えて，I have the key. という状況を引き起こせ →「鍵をくれ」

Get me out. — Get [me BE out]. と捉え，I am out. という状況を引き起こせ →「出してくれ」

```
┌─────────────────────────────────────────────────────────┐
│              ┌─────────────────────────┐                │
│              │ HAVE の状況を引き起こす │                │
│              └─────────────────────────┘                │
│         get + 名詞      —自分の HAVE 状況               │
│         get + 名詞 + 名詞  —他者の HAVE 状況            │
│                    ╱─────────╲                          │
│                   ╱ GET の構文 ╲                        │
│                  ╱───────────────╲                      │
│  ┌────────────────────────┐ ┌────────────────────────┐  │
│  │ BE の状況を引き起こす  │ │ DO の状況を引き起こす  │  │
│  └────────────────────────┘ └────────────────────────┘  │
│   get + 形容詞        ⎫      get + to do —自分の DO 状況│
│   get + doing         ⎪                                 │
│   get + done          ⎬ 自分の BE 状況                  │
│   get + 副詞          ⎪      get + 名詞 + to do —他者のDO状況│
│   get + 前置詞 + 名詞 ⎭                                 │
│   get + 名詞 + 形容詞        ⎫                          │
│   get + 名詞 + doing         ⎪                          │
│   get + 名詞 + done          ⎬ 他者[対象]の BE 状況     │
│   get + 名詞 + 副詞          ⎪                          │
│   get + 名詞 + 前置詞 + 名詞 ⎭                          │
└─────────────────────────────────────────────────────────┘
```

Get me the key. と *Get* me out. には，それぞれ HAVE 状況と BE 状況を表す「小さな節」が含まれているが，いずれにせよ，その「小さな節」が表す状況を〈引き起こす〉という GET のコアは共有されている。文型の発想では，HAVE を補って考えられる「小さな節」が動詞に続く場合は「第 4 文型」，BE を補う場合は「第 5 文型」と分類されるが，それだと意味の連続性が感じとれなくなってしまう。逆に，コアを生かした解釈をすれば，HAVE で表されるコトか BE で表されるコトのいずれかを get するという具合に，柔軟に解釈することができるようになるのである。

　GET には，DO が表す状況を得る〈引き起こす〉という用法もある。そのときに，〈引き起こす〉という意味合いを反映させるべく，〈行為に向いて〉という意味合いの to do を使う。

I *got* him to help me out. — [he help(s) me out] という状況を私が引き起こした →「させる」

We *got* to know each other. — [We know each other] という状況を引き起こした →「するようになる」

たしかに，GET の幅広い用法の中には，We *got* to the station. のように一見説明しにくい例もある。これについては，We got ourselves to the station. における ourselves が自明とみなされて欠落したものと考えることができる。ここでの to は，移動を含意する動詞を伴って，「到達点に至るまで」という意味合いになっている。そこで，この例文は，「駅にいない」状況 (be not at the station) から「駅にいる」状況 (be at the station) への変化 (すなわち移動) を表すものと理解される。

HAVE, BE, DO のどの状況を表すかという幅はあるが，いずれにしても GET の用法は，「そうではなかった状態」から「そうである状態」への「変化」を示す点で共通している。それは GET の用法がいずれも〈ある状態を得る [引き起こす]〉というコアを有しているためなのである。

以上，GET の構文の幅をそのコアを通じてみてきた。ここでも再度確認できるのは，動詞のコアが応用されることによって構文の幅が生じるということである。いくら構文が多様だといっても，同じ動詞を使う以上，そこには共通のコアがはたらいているという気づきを得ることがやはり大切なのである。

6　TO と「不定詞」

　不定詞といえば，一般に，名詞的用法・形容詞的用法・副詞的用法の3用法に分類する作業が定番となっている。しかし，その種の分類作業は不定詞をマスターするのに必須のものなのだろうか。コミュニケーションに資する文法という観点からすれば，分類的な思考を行う前に，まず TO DO という形そのものがもつ意味を把握するということがより大切なのではないか。そして，それを文脈に応じて使い切っていく，という方向がより実践的なのではないだろうか。

TO DO の一貫した意味
　レキシカル・グラマーでは，TO DO には前置詞の TO と共通したコアが含まれていると捉える。TO のコアは，以下の図式が示すように，〈何かに向いて(何かと向き合って)〉というものである。

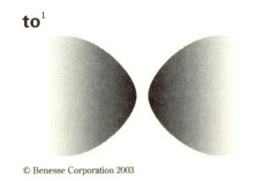

to¹

© Benesse Corporation 2003

　TO には，お互いに顔を見合わせて，「相対(あいたい)する」ようなイメージがそなわっている。このコアが前置詞の TO においても，不定詞の TO DO においても生きているのであるが，その点は以下のように考えることができる。
　前置詞 TO は，face *to* face（面と向き合って），The score was 3 *to* 1.（得点は3対1だった），dance *to* the music（その音楽に合わせて

踊る）などからも明らかなように、〈対象に向いて〉という意味合いをもつ。「向いて」とは、ふつうは、何かと空間的に相対(あいたい)することだが、これを TO DO に応用すると、DO は「行為」を示すので、〈行為に向いて〉となる。向き合う対象が「行為」となれば、時間の流れを想定するのが自然だ。そこで、TO DO は、「これからする（まだしていない）」といった意味合いを帯びることになる。つまり、TO DO は、一般に未来指向になるのである。

TO

X）　（Y

face *to* face

The score was 3 *to* 1.

dance *to* the music

↓ to Y:「対象に向いて」［空間的］

↓

I want *to* visit Taiwan.

to do:「行為に向いて」［時間的］

このような、いわば空間的に相対するというイメージを時間軸へ応用することによって生じる未来指向の TO DO の用法は、以下のように視覚的に分析することもできる。

〈未来指向〉

⇒

I want) to (visit Taiwan.

しかし、同じように〈行為に向いて〉となる TO DO でも、未来指向とはならない用法もある。その代表格が、I am glad *to meet you.*（お会いできてうれしいです）などである。これは、「未来指向」に対する「反射的」な用法とみなして、以下のように記すことができる。

〈反射的用法〉
⇐
I am glad) to (meet you.

このように，不定詞に未来指向の用法と反射的用法があるといっても，これは意味的動機づけを欠いた分類をしているわけではない。というのは，いずれにせよ，TO DO の〈行為に向いて〉という意味合いが生かされており，両者は時間軸に投射されて未来指向になるか，または，単に（空間的に）〈行為に向いて〉という捉え方にとどまるかということに過ぎないからである。

上記の理解に基づいて，TO DO のいわゆる 3 用法（名詞的用法・形容詞的用法・副詞的用法）を分析してみるとどうなるだろうか。それを以下に記してみよう。

名詞的用法の TO DO

It's impolite) to (ask personal questions.
I want) to (go to Europe.
I found it impossible) to (finish the work.
All you have to do is) to (tell the truth.

It's impolite *to ask personal questions*. (個人的な質問をするのは失礼だ) では，「失礼だよ」とコメントを先に示しておいてから，「個人的な質問をする（という行為に向く）のは」と言っており，I found it impossible *to finish the work*. (その仕事を終えるのは無理だと思った) も，「無理だと思った」とコメントを述べてから，「その仕事を終える（という行為に向く）のは」と it の中身を明示している。これらは，形式主語や形式目的語と呼ばれる it と呼応する TO DO の用法だが，上にみた TO DO のコア〈行為に向いて〉はやはり生きている。All you have to do is *to tell the truth*. (君はただ事実を言えばいいんだ) は「君がすべきことのすべては以下のこと

だよ（ただ以下のことをすればいい）」という話題の提示を受けて，「事実を言う（という行為に向く）こと」という中身を示しているという解釈ができる．

形容詞的用法の TO DO

>There's nothing) to (complain about.
>She needs someone) to (take care of her.
>I want someone) to (talk with.

形容詞的用法の TO DO を使って，There's nothing *to complain about*. (不平を言うべきことは何もない) という場合も，「何もない」という骨格表現の名詞情報に対して，「（これから）それについて不平を言うべき」という情報を合成したものと捉えられる．She needs someone *to take care of her*. (彼女は誰か自分を世話してくれる人を必要としている) も，「彼女は誰かが必要だ」と言うときのその「誰か」を限定する情報として，「（これから）彼女の世話をする」という説明を足していると捉えることができる．I want someone *to talk with*. (誰か話し相手が欲しい) では，やはり「誰かが欲しい」としてから，その「誰か」とは「（これから）一緒に話をする」相手となる人だという情報を足している．これらの TO DO のいずれにおいても，未来指向の意味合いが感じられることがわかる．

副詞的用法の TO DO

>He worked hard) to (support his large family.
>To (answer your question, we must do a lot more research.
>She grew up) to (be a world-famous scientist.
>I am glad) to (see you here.
>You're really cool) to (stay away from the trouble.

「目的」を示す TO DO

　副詞的用法で「目的」を示すとされる TO DO については，一般に「〜するために」と訳されるが，これなどは未来指向の典型と言ってよい。目的とはある行為に向くことを事前に企てることだからである。ただし，「目的」の用法については，文尾で使われるのと文頭にくる場合とで，解釈の幅に相違が生じる。He worked hard *to support his large family*. (彼は大勢の家族を養うために一生懸命働いた) のように，文の後半に TO DO があると，「一生懸命働いた」という行為が先に示されてから，それに続く表現として「大勢の家族を養うという行為に向いて」がくるために，「一生懸命働いて大勢の家族を養った」というように，「結果」としてのニュアンスも感じられるようになる。それに対して，*To support his large family*, he worked hard. のように，不定詞が文頭にくれば，あらかじめある行為に向いているという状況が設定されてから，文の骨格情報が提示されることになる。そして，このときその行為連鎖の原理 (「目的に向いてから何かをする」のは可能だが，「結果に向いてから何かをする」ことはできない) に照らして，文頭の TO DO は「結果」を意味することはあり得ず，必ず「目的」として解釈される。ただし，文頭の TO DO は主語となる可能性もあるから，「目的」であることを明示するには，In order to do が好んで使われることになる。

「結果」を示す TO DO

　「結果」を示す不定詞は，文頭にくることはあり得ない。She grew up *to be a world-famous scientist*. (彼女は大人になって世界的に有名な科学者になった) のように，必ず文尾にくる。そして，この grew up to be のようにほぼ成句的に安定している用法が多い。ほかにも以下のような例があげられるが，いずれも，ある状況が先にあって，その結果としてどのような「行為に向く」のかという意味の流れを反映して，TO DO が文尾で使われるものばかりである。

My grandmother *lived to be* 95 years old.
(祖母は95歳まで生きた)
He *woke up to find* himself a famous man.
(彼は目が覚めて気づいてみると有名人になっていた)
She left the husband, *never to* return.
(彼女は夫のもとを去って、二度と戻らなかった)
I went to the library, *only to* find it closed.
(図書館へ行ったが閉まっていた)

これらのほぼ慣用化している表現であれば「結果」であることが明瞭だが、文尾の TO DO は「目的」か「結果」か判然としないこともある。その場合には、in order to do で表現できれば「目的」とみなすというような確認をすることができる。ちなみに、order とは、本来「順序だった秩序」という意味の名詞であり、そこから、in order to には、「こうすればこうなる」といった複数の行為の順序を秩序立てて何かを行うという意味合いが生じる。いずれにせよ、文頭と文尾の TO DO の解釈の幅についても、〈行為に向いて〉というコアから捉えることによって、より理解が深まるのではないかと思われる。

「感情の原因」「判断の根拠」を示す TO DO

「感情の原因(理由)」を示すとされる TO DO は、I am glad *to meet you.* などの例からも明らかなように、未来指向の用法ではない。それは、この表現がすでに相手と会っているときに言うセリフであることからも明らかだ。すでに会っている状況に対するリアクションであるから、いわば反射的な用法である。それでも、〈「ここであなたと会う」という行為と相対してうれしい〉という捉え方ができるのは同様である。

今ひとつ反射的な用法をあげると、You're really cool *to stay away from the trouble.* (そのような面倒から離れているとは君は本当に

冷静だね）のような，「判断の根拠」を示すものがある。しかし，この例でも，「面倒から離れている」という行為と向き合って，「君は本当に冷静だ」という判断を下しているという解釈ができるのは同じである。

以上みてきたように，TO DO を〈行為に向いて〉と捉えて分析すれば，名詞的・形容詞的・副詞的用法に分類される用法全般を一貫した形で理解することが可能となる。そして，その TO DO は前置詞 TO のコアから捉えることができるというのが，レキシカル・グラマーの考え方である。

HAVE+TO DO

have to do は「義務」を表すとされるが，それでは must と同じなのだろうか。相違があるとすれば，それはどのようなものか。この点についても，to do に HAVE のコアを合成することによって理解を深めることができる。have to do とは，文字どおり，〈行為に向く状況を have する〉ということなのである（p. 53 の「HAVE のコアと構文ネットワーク」の項を参照）。

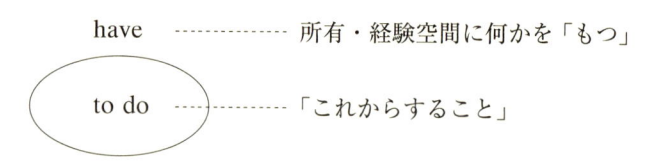

  have   ………… 所有・経験空間に何かを「もつ」

  （to do） ………… 「これからすること」

must は，話し手の心的態度を示す法助動詞であり，「どうしても～しなくてはならない（ほかに選択肢はない）」という主観的な判断を含む意味合いになるのに対して，have to は，「行為に向く」状況を有しているということから，「私はそれを（することになっているので）しなくてはならない」という意味合いで，より客観的な状況を語る表現となる（第 II 部 11 章を参照）。たとえば，You *have to* go. といえば，「行かなくてはならない」という状況を客観的に述べている感じがするのに対して，You *must* go. というと，

「どうしても行かなくてはならない(ほかにどうしようもない)」という切迫した響きが生じる。

このような類似表現の微妙な差異も，語のコアに注目するレキシカル・グラマーによってこそ，明確な根拠をもって把握することができるようになるのである (must と have to の使い分けについては p. 148 の「コラム」を参照)。

BE TO 構文

to do と be 動詞を合成することで，いわゆる be to 構文がつくられる。be to do には，「予定」「義務」「意図」「可能」「運命」などの用法があるとされるが，なぜ，このような用法の幅があるのかはあまり説明がなされていない。この点についても，to do のもつ意味合いを BE のコアと合成してみれば，すんなりと理解できる(「BE のコアと構文ネットワーク」については p. 60 以下を参照)。

be to do は，be + to do と考え，〈行為に向いて〉に be の本質的な意味である〈ある・いる〉を合成すると，〈行為に向いている〉という be to 構文の本来の意味合いを導き出せる。そして，そこから文脈に応じて，「予定」「義務」「可能」などの意味合いが生じてくると考えることができるのである。ちなみに，これらは will, should, can などの法助動詞がもつ意味合いに近い。be to do は〈行為に向いている〉という意味から，いまだそれは遂行されていない行為であることがわかるが，法助動詞も行為遂行のいわば手前のところで話者の主観を示すものだから，行為の遂行に至らない何らかの状況に言及するという点で共通している。

そこで，The conference *is to* be held at the end of this month.(会議は今月末に開かれる予定だ)のように，未来の副詞を伴うと端的に「予定」を表せる。You *are* not *to* break the law.(その法律に逆らってはならない)などは内容的に判断して「義務」として解釈される。Work harder if you *are to* succeed.(成功するためにはもっと努力しなさい)のように，if 節内で用いる be to は主語の

「意図」を示すとされるが，人が主語の場合はそれでも構わない。しかし，If liberty *is to* be enjoyed, we have to give up the idea that it means freedom from all restraints. (自由を享受するためには，自由があらゆる制約から解放されることを意味する，という考え方を捨てなくてはならない) のように，無生物が主語の場合には対応しにくい。そこで，主語が人と無生物とにかかわらず対応できるように，「必要」と捉えておくとよい。次に，Happiness *is* not *to* be bought with money. (幸福はお金では買えない) などは「可能」の用法であるが，この場合，否定文脈でしかも to 不定詞の部分が受身になることが多い。Stars *are not to be seen* during the day. (星は日中は見えない) や The missing dog *was nowhere to be found*. (いなくなった犬はどこにも見当たらなかった)，*Not* a soul *was to be seen* on the street. (その通りには人っこひとり姿が見えなかった) なども同様である。Then I met a woman, who *was to* become my wife. (そのとき私はある女性に出会ったのだが，その女性はやがて私の妻になる人だった) などは「運命」と呼ばれる用法だが，これは過去の文脈に限られるもので，いわば，過去からみてある行為へと向かうべくして向かったということである。At this corner there happened an accident that *was to* be remembered for years. (この角で事故が起きたが，それはその後数年のあいだ人々の記憶に残ったのだった) もその例である。

　以上見てきたとおり，特に be to 構文はその解釈の幅が広いために難解な印象を与えてしまうが，これも煎じ詰めれば，〈行為に向いている〉という状況が，文脈に応じて解釈されていると捉えることができるのである。

7　ING と「現在分詞」「動名詞」

　文法項目の多くは，ある基本語を構文の中に組み込むことによって成立している。進行形や受動態にはbe動詞が必須であり，関係詞節ではthatやWH-系の語が使われる。レキシカル・グラマーでは，これらの文法現象をそこに含まれる語のコアから捉え直すものである。このように通常は語に注目するのだが，「形が同じであれば共通の意味がある」という原理は，おそらくは語形にもあてはまるものと想定される。

　ここでみる「動名詞」と「現在分詞」は，いずれもまさに ING という語形を有する文法項目であるが，両者には意味的なつながりはないというのが一般的な理解である。しかし，そこに意味の共通性または連続性を想定して分析を施してみたときに，初めて説明可能となる事象が複数存在する。そのことをここでは示してみたい。

　これまでは，ING が出てくるたびに，「動名詞か現在分詞か？」という問いが頭をよぎることがあったかもしれない。しかし，そもそもこれは常に二者択一的に答えられる問いなのか。そのこと自体がまず問われなくてはならない。また，ING の用法には，多くの意味をもつとされる分詞構文などもあり，なかなか一筋縄ではいかないという印象を与える。しかし，その多義性ははたしてどこからくるのか。さらに，他動詞の後で TO DO と ING の使い分けが問題となることがあるが，その基準はいったいどこに求めればよいのか。単に暗記に頼るべきものなのか。むしろ，TO DO と ING の双方に語(形)のもつ意味の一貫性があるとするならば，それと共起しやすい動詞にも，なんらかの意味的な傾向性があると想定できるのではないか。これらの問いに対して，レキシカル・グラマーは具体的にいかなる答えを出せるのか。それを，以下にみていくことに

したい。

ING の基本的なイメージ

まず，ING の基本は現在・進行形のイメージにあると考えられる。現在・進行形の ING は，眼前に起こっている最中の動作を描写するものであり，話し手の「今・ここ」の視点から最もダイレクトに言語化される形だと言えるからである。英語を母語とする幼児が，Dad (is) coming. や (The) Dog (is) barking. のように，(ときに BE を欠落させて) ING 形で表現したりするのも，自分の眼前にまさに起こっている出来事を描写するものである。

(The) Dog (is) barking.

現に起こっているのであれば，その動きを見てとることができる（観察可能性）。また，起こっている最中ということは，まだ終わっていないということでもある（未完結性）。そしてときに，それでもやがては終わるという感じを伴うこともある（一時性）。要するに，進行形の ING は，〈何かをしている〉という意味合いで，「観察可能」で「未完結」な状態を表す語形なのである。この進行形の ING を起点として，ING は大まかに言えば，以下の三つの層へ展開する。

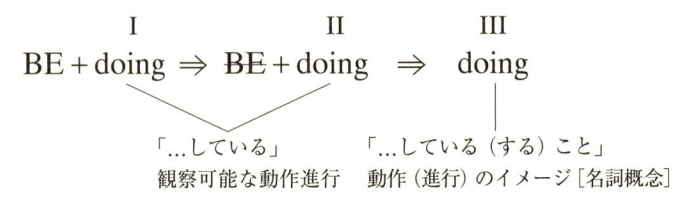

$$\underset{\text{観察可能な動作進行}}{\underset{\text{「...している」}}{\text{I}\atop \text{BE}+\text{doing}}} \Rightarrow \underset{\text{動作(進行)のイメージ[名詞概念]}}{\underset{\text{「...している(する)こと」}}{\text{II}\atop \text{BE}+\text{doing}}} \Rightarrow \underset{}{\text{III}\atop \text{doing}}$$

7 ING と「現在分詞」「動名詞」

　まず，be 動詞と結合して進行形の動詞として使う ING（用法 I）がある。次に，進行形の be + doing から be を取り払ったような形で，主動詞として機能しなくなるかわりに，文中の名詞や動詞（を含む節）に対してある種の修飾機能をもつ ING（用法 II）がある。これは一般に，「分詞の形容詞的用法」「分詞構文」と呼ばれている。この II の ING の用法は，I の進行形の用法におとらず，「（実際に）〜している」という状況を描写する力をそなえてはいる。しかし，BE を伴う進行形の場合にのみ，テンスを示すことにより時間軸上のある特定の時点における出来事として描けるのに対して，BE から離れた ING は，単独ではテンスを示せないため，その行為が時間軸上のどこに位置づけられるかは，文中の主動詞によって決定されるという相違がある。

　そして第三に，「何かをしている」という観察可能な行為を，実際の動作の文脈から抽象化して，「何かをしている（する）こと」という具合にイメージやアイディアとして捉える ING（用法 III）がある。これが一般に動名詞と呼ばれる用法である。

　いま説明した用法を（II には 2 種の構文が含まれるので）四つに分けて，例文を伴って記すと以下のようになる。

(a)　She *is singing*.（彼女は歌っている）［現在・進行形］
(b)　The girl *singing there* is my sister.（向こうで歌っている女の子は私の妹です）［現在分詞の形容詞的用法］
(c)　She went home *singing a song*.
　　　（彼女は歌を唄いながら家に帰った）［分詞構文］
(d)　She likes *singing*.（彼女は歌を唄うのが好きだ）［動名詞］

　(a) の進行形については，BE, HAVE と「進行形」「受身形」「完了形」「アスペクト」の項（p. 21 以下）でふれたので，ここでは詳述しない。

　(b) の ING は，名詞の後置修飾として使われる用法である（前置修飾については p. 88 の「コラム」を参照）。この ING はいわば

「BE から離れた現在分詞」で，単独でテンスを示せないことから主動詞としての機能をもたずに，名詞の修飾要素としてはたらくものである。

●現在分詞の形容詞的用法

名詞の修飾語句を導く ING

The girl [sing|ing| there] *is* my sister.

〈歌っているのは今〉

この singing はテンスをもたないので，その動作がいつのことなのかについては単独では確定できず，文中でテンスを示す主動詞 (is) に従って，現在のこととして解釈される。もし，この is が was であれば，歌っていたのは過去ということになる。

この形容詞的用法の ING は，ある対象が「何をしているのか」という状態を描写する。情報のユニットをチャンクと呼ぶとすれば，この ING は名詞チャンクに収まる情報である。上の例で言えば，the girl singing there で一つの名詞チャンクになる。名詞チャンクはモノ的世界と対応する表現のカタマリであるから，この ING はモノの差別化に貢献する語形だと言える。the girl singing there と the girl talking to you では，示す対象が異なるということである。しかし，この ING にはコト（出来事）の論理的な関係を示す力はない。コトの論理をほのめかす ING は，分詞構文と呼ばれる用法であり，(c) の例文がそれにあたる。

コラム　**進行形とは異なる動機づけをもつ現在分詞 ING**

ING の意味展開を俯瞰するにあたり，I 進行形の ING，II BE から分かれた ING，III 名詞化した ING，という 3 層で捉えた。そのうち II の ING は，be + doing の be から離れたような現在分詞の用法で，

ここには後置修飾と分詞構文が含まれていた。この ING は，たしかにテンスはもたないものの，概して，「〜している」という動作進行の意味合いをもつものである。しかし，細かく言えば，後置修飾と分詞構文のいずれにおいても，進行形とは異なる動機づけをもつ ING の用法も存在する。

進行形とは異なる動機づけをもつ後置修飾の ING

　後置修飾で用いる現在分詞（形容詞的用法）でも，The files ***belonging*** to this database system will be owned by user "Angela". (このデータベースに属するファイルは利用者アンジェラの所有となります) のように，進行形とは異なる動機づけをもつものもある。これについては，次のように考えることができる。ING という語形をもつ現在分詞は，以下のように，動詞的性質と形容詞的性質をあわせもつものであった（p. 22「分詞：BE から分かれた詞(コトバ)」の項を参照）。

　　　doing（現在分詞）
　　　　── 何かをしている（まだ終わってない）状態を表す
　　　　　　　　半ば動詞的　　　　　　　　　半ば形容詞的

進行形においては be + doing という形で動作進行の状態を示すのに対して，分詞の形容詞的用法においては，be から離れて doing が単独で振る舞うことから，動作動詞は使えて状態動詞は使えないという進行形に課される制約から解放されて，ING という語形で一定の状態を示すような用法が生じてくる。これは視点を変えて言えば，belong などの状態動詞を修飾語句として使う際に，その時点における所属や所有を問題にするのであれば，未来志向の to do や過去志向の done（過去分詞）ではなく，現在志向の doing（現在分詞）を選択せざるを得ない，という統語上の制約が作用しているということでもある。

　上の例で，belong という進行形にならない状態動詞が belonging という形で用いられているのは，進行形とは違った意味的な動機づけがあるはずであり，それが上に述べたような経緯によって生じてきていると考えられるのである。

進行形とは異なる動機づけをもつ前置修飾の ING

また、前置修飾が可能な ING においては、動作進行の意味が薄れて完全に形容詞化しているものもある。たしかに、the *rising* sun（昇り行く太陽）のように、進行の意味合いが感じられるものもある。この ING を含む表現は動画的な光景をイメージさせるものであり、それは the sunrise（日の出）が静止画的な印象を与えるのと対照的である。her *smiling* face（彼女の微笑む顔）が her smile（彼女の笑顔）よりも表情の動きを彷彿とさせるのと同様である。これらは前置修飾の ING が進行的な意味合いをもつ例だが、名詞に対して前置が可能な ING でより多いのは、むしろ一定の属性を示すものである。その典型は、the *surprising* news（驚くべき知らせ）, an *exciting* movie（ワクワクする映画）, the *interesting* story（面白い話）のように、人の感情・認識などに影響を与えるという意味合いをもつ他動詞派生の ING である。

たとえば、The story is *interesting*. と表現した場合、これは当然のことながら進行形ではなく、「面白い」という性質の記述である。そのことは、interesting がもはや interest（興味を与える）という動詞としての性質を失って、完全に形容詞化しているということを示している。surprising や exciting などについても同様である。

ING が動作進行ではなく属性を示す事例の応用として、a peace-*loving* person（平和を愛する人）, a self-*denying* man（自己否定的な人）などといった、ハイフンを伴う形容詞もあげられる。これらの複合語も、ある種の属性を描写する形容詞とみなせるものである。

しかし、これもそもそも ING が、動詞的性質と形容詞的性質をあわせ持つことから生じる意味の展開である。進行形では be と結合しているために動作進行の意味合いに縛られる傾向があるのに対して、be から離れることによって、その意味的制約から解放されて、ING が一定の属性を示すことも可能となるのである。

(c) の分詞構文の ING も、(b) の形容詞的用法の場合と同様、テンスをもたないから、それがいつのことかはその語形からは判断がつかない。そこで、文中でテンスを示す主動詞（ここでは went）

を参照することで、歌っていたのが過去であったという判断がなされるのである。

●分詞構文

副詞的な状況説明（同時・連続的）

She *went* home [sing|ing| a song].

〈歌っていたのは過去〉

分詞構文の意味タイプ

形容詞的用法の分詞は、ある対象の状態を描写するものの、論理を展開する力はない。これに対して、分詞構文は、動詞を含む主文（主節）に対する副詞情報としてはたらくため、論理的なつながりをほのめかす表現効果がある。具体的には、「時」「理由」「条件」「付帯状況」などの解釈が行われる。また、副詞情報は位置的な制約が緩いため、分詞構文も文頭、文尾、挿入など比較的自由な位置で使うことができる。

ただし、上にあげた分詞構文の解釈は、それらが分詞にもともとそなわる意味というわけではない。というのは、分詞構文の本質的な意味は、ING の語形がもつ動作進行のイメージから生じるものだからだ。それは、テンスをもたない ING と、テンスをもつ主動詞とのあいだの「連続性・同時性」である。この点は以下にあげるような例からも感じ取ることができる。

[*Talking* on the phone], she *started* to shed tears.
（電話で話していて、彼女は涙を流し始めた）
[*Turning* to the left], you*'ll find* the theater.
（左に曲がると、その劇場が見当たるでしょう）
[*Admitting* what you say], I still *believe* my idea will work.
（あなたが言うことは認めるが、それでも私は自分のアイディアは

うまくいくと思う)

The train *leaves* Tokyo, [*arriving* at Sendai in two and a half hours].
(その電車は東京を出て，2時間半で仙台に着く)

この「連続性・同時性」という点から見れば，分詞構文と接続詞を使った構文の違いも明確になる。When [While] she was talking on the phone, ... のように表現すれば，分詞構文が描くような連続性をいったん絶ち切って，明確に論理の一部として提示するスタイルになる。分詞構文は状況を連続的に描写する表現であるのに対して，接続詞を伴う構文は論理のつながりを明示したい場合に適している。そしてそれら両者の中間に，When [While] talking on the phone, ... の構文が位置づけられる。これは分詞構文の連続的イメージを維持しながら，(主語と動詞は自明として省いたまま) 論理接続のあり方のみ明示した形である。

| コラム | 進行形とは異なる動機づけをもつ分詞構文の ING

分詞構文においても，Not *knowing* what to say, I kept silent.(何と言っていいかわからず，黙っていた) のように，進行形では不可とされる状態動詞が使われることがある。しかし，これはもはや驚くにあたいしない。というのは，分詞構文は現在進行形とは異なる構文であり，その本質は，主動詞との「同時性・連続性」を示すものだからである。また，形容詞的用法のところでもみたとおり，be から離れた ING は，進行形の縛りがなくなるために，動作進行の意味合いをもたなくても，状態を描写するために使うというケースがみられるのであった。上にあげた knowing も，進行形では使わないが，分詞構文ではなんら違和感が生じないのは，そのような構文独自の意味的動機づけが確立しているためである。

動名詞の ING

　ING には，実際の動作の描写とかかわりをもたない用法がある。(d) の She likes ***singing***. の singing などがその例である。ここでは，実際に歌っているという状況は必須ではない。なぜなら，この singing は実際の動作を示す文脈から離れて，その行為を抽象化して，いわば概念（イメージやアイディア）レベルで行為を捉えたものだからである。「～している(する)こと」という意味合いをもつこの ING が，一般に動名詞と呼ばれる用法である。

　この ING は，完全に名詞化しているため時間的には中立である。進行形，分詞の形容詞的用法，分詞構文においては，ING は「実際に～している」という意味合いで，いわば現在指向である（この「現在」とはテンスの問題ではなく，眼前に何かが起こっているという意味合いである）。「すでに～された」という意味合いの過去分詞が，過去指向であるのと対照的である。また，TO DO は「行為に向いて」という意味合いから通常，未来指向になる。このように，現在分詞，過去分詞，不定詞が，動詞的な性質を帯びるがゆえに，現在指向，過去指向，未来指向的な意味合いをもつのに対して，動名詞は完全に名詞概念と化しているために，時間的にはニュートラルになり，過去・現在・未来の文脈で柔軟に用いることができるようになるのである。

　そこで以下に示すように，〈～していること〉の記憶として捉えれば過去の回想に使うことができ，〈～していること〉の想定としてイメージすれば未来の展望にも応用が利く。また，〈～していること〉の一般化とみなせば，習慣的な行為を示す文脈にも当てはめることができるのである。

　　〈～していること〉の記憶

　　　I remember ***seeing*** you somewhere.
　　　（私はあなたにどこかであったことを記憶している）
　　　I will never forget ***spending*** some time with you.

(あなたと一緒に多少の時間をすごしたことは決して忘れません)

〈〜していること〉の想定

May I suggest *taking* a rest?（少し休憩しませんか）

I am considering *studying* abroad.

（私は海外留学をしようかと検討している）

〈〜していること〉の一般化

Smoking is bad for the health.（喫煙は健康に悪い）

My hobby is *collecting* rare books.

（私の趣味は珍しい本を集めることです）

| コラム | **複合語で用いる動名詞の ING**

ING + 名詞における ING は，現在分詞だけでなく動名詞が使われることもある。*runnnig* shoes（ランニング用のシューズ），a *smoking* area（喫煙所），a *walking* stick（歩行用の杖）などは，動名詞を含む例である。これらは，たとえば，shoes for running（ランニングのためのシューズ）のように，分析的に捉えることができる。

ちなみに，the *sleeping* beauty（眠れる美女）というときの sleeping が現在分詞であるのは，The beauty is sleeping.（あの美女は寝ている）と言えるということからも確認できる。一方，a *sleeping* car の sleeping では，当然「車両が寝ている」というわけではない。むしろ，「睡眠 (sleeping)」のための「車両」である。つまり，こちらは動名詞を含む複合語なのである。

強勢の置き所は，the *sleeping* beauty では，核となる名詞の beauty を強く読むのに対して，a *sleeping* car では，カタマリとして名詞化しているので前方の sleeping に強勢が置かれる。

動名詞と不定詞の使い分け

ここで，よく問題となる不定詞の名詞的用法と動名詞の使い分けについて，レキシカル・グラマーの観点から整理しておきたい。

不定詞は，〈行為に向いて〉というコアから一般に未来指向になる。そこで，「よし，やるぞ！」といった前向きの「意志」や「願望」を表す動詞と相性がよくなる。さらに，行為に向いて「対応する」といった意味合いの動詞の後でも使われる。以下に示す動詞は，「目的語」として不定詞はとれるが動名詞はとらないものである。

> 行為に向く願望を表す：want, hope, wish, would like など
> 積極的に行為に向く意思を表す：decide, promise など
> 行為に向いて対応する：manage, pretend, refuse など

I *hope to see* you again soon.（またすぐお会いしたいものです）や Please *promise to call* me once a day.（1日一度は電話すると約束して）などで，不定詞の代わりに動名詞は使えない。いずれも，まだやっていないことを to do で表すからである。He *managed to solve* the problem.（彼はなんとかその問題を解決した）は，うまく「対応できた」といった感じである。I *refused to accept* the invitation. のように，refuse が to do をとるのは，「〈行為に向いて〉キッパリ断る」といった意味合いになるからである。

動名詞のみをとる動詞

一方，動名詞の ING は，イメージやアイディアとして行為を捉える。ING のコアをふまえて，〈～している（する）こと〉とすると柔軟に理解できる。動名詞は完全に名詞化しているため，その行為がいつ行われるかは問題にならず，過去・現在・未来の時間軸にしばられずに使われる。これは，不定詞が未来指向であることと対照的である。動名詞のみを「目的語」とする主な動詞には，以下のタイプがある。

> ○ 何かをしているという感じ ⇒ enjoy, practice
> ○ 行為にむかわずに回避する ⇒ avoid, mind, put off
> ○ アイディアやイメージを対象とする ⇒ consider, suggest, imagine

たとえば，I enjoy *swimming*.（私は泳ぐのが楽しいです）で to swim としないのは，これから泳ぐのを楽しむ，では違和感が生じるからである。Avoid *using* your cellphone on public transportations.（公共の乗り物では携帯電話の使用は控えてください）では，avoid が，行為に面と向かわずに（to do とは相性がよくない），行為を名詞化したイメージでとらえている（ING がふさわしい）ために using としている。Can I suggest *taking* a rest? は，まだしていない事柄であるが，遂行が想定された行為としてではなく，あくまでもアイディアとしての行為を問題としているために taking としているのである。

行為の開始・継続・終了を示す動詞

行為の開始・継続・終了を語る動詞（start, begin; continue, keep; stop, finish, quit, cease など）については，実際に行為を行っていることが前提になる。その意味で，これらの動詞はすべて直後に doing をとることができる。

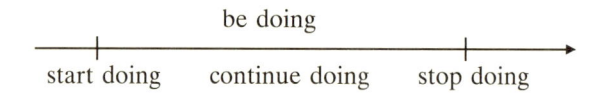

```
                    be doing
    ├───────────────┼───────────────┼───────────────▶
    start doing   continue doing   stop doing
```

これらの動詞に続く doing は，イメージやアイディアとして名詞化しているわけではなく，その場の実際の動作進行の状況に言及している。したがって，これらの ING を動名詞とする伝統的な解釈は正確ではない。進行形の "be + doing" が示す動作進行の状態が開始し，継続し，終了するという捉え方ができるということからすれば，むしろ，意味的には現在分詞のほうに近いと言える。

He started *writing* novels at the age of 20.
（彼は二十歳で小説を書き始めた）
He continued *reading* when I spoke to him.
（私が話しかけても彼は読書を続けた）

I finished *painting* the house.（家の塗装を終えた）

しかしながら，これらの動詞の他動性はやはり無視できないから，ING のもつ「目的語」（行為の対象）としての身分を考えれば動名詞の性質を帯びているということになる。つまり，このことは，ING は動名詞か現在分詞のいずれかに分類できる，という従来の二分法的発想そのものの限界を示唆している。

これと同様のことを示す例をあげれば，たとえば，on doing という表現は従来，「前置詞＋動名詞」と解釈されてきているが，意味的に考えれば，この ING は抽象化された名詞概念を示すものではなく，むしろ，現に何かをしている状況を描写するものと解釈すべきものである。そして，その行為が行われている時点と「ぴたっと接する」という意味合いで前置詞 on が合成されたと考えられるから，その意味で，on doing は分詞構文の変則的なパターンとみなすほうが自然である。

Arriving at the station, he called me up.
（駅について，彼は私に電話をしてきた）
↓
On arriving at the station, he called me up.
（駅につくと，彼は私に電話をしてきた）

また，意味上の主語を伴う ING が果たして動名詞か分詞か，その判別が問題となる例として，以下のようなものがあげられる。

(1) We see *wild animals dying* every day.
(2) We hear about *wild animals dying* every day.
(3) With *wild animals dying* every day, we must do something about it.

一般的な解釈に従えば，(1) の dying は「目的格補語」となる現在分詞とされるのに対して，(2) の dying は前置詞 about の「目

的語」とみなされることから，意味上の主語を伴う動名詞と解釈される。しかし，意味的には，両者の間に文法用語による説明から想定されるほどの差は感じられない。この直感的な判断は，おそらく以下のような分析が可能であるという事実に支えられている。

(1′)　We see [wild animals BE dying] every day.
(2′)　We hear about [wild animals BE dying] every day.

この分析に大きな違和感がないとすれば，(1′) と同様 (2′) の dying も現に起こりつつある事態を描写しているということになり，したがって，後者の dying を動名詞と断定することに対しては留保が要るということになる。ここで「前置詞 (about) がある以上，後続の doing は疑いなく動名詞だ」という反論も予想される。しかし，先に見た on doing もその事例にあたるし，また，上の (3) は with という前置詞の後で doing を使っていながら，伝統的に「付帯状況」と呼ばれる分詞構文の一形式として分類されていることを考えれば，その反論は成立しないことがわかる。つまり，前置詞の後の doing は動名詞であるというのは，確実な規範とは言えないのである。

　分類しようがない，もしくは，分類しても意味がないものを，無理にいずれかの文法用語で呼ぼうとするのは，学習という観点からみて有益ではないし，コミュニケーション能力に資する文法にはつながらない。そこで，一つの代案としては，特にこのように分類作業がかえって理解の支障となりかねないような場合には，動名詞か分詞かという二分法に拘泥するのをやめて，かわりに，いずれも "ING" とか "doing" と呼んで，意味内容的な観点からみて，それがどれだけ観察可能な動作進行の意味合いをもっているか，あるいは，どの程度抽象化された名詞概念として扱われているか，という点に意識を注ぐという方向が考えられる。そうすれば，不要な分類作業から解放されて，語形と意味の関係もスッキリとつかめるようになることが期待できるからである。

ところで，上にみた開始，継続，終了に関する動詞群の中には，直後に to do を受け入れる動詞もある。具体的には，begin, start, continue, cease などの動詞で，基準となる時点以降に，ある種の（段階的な）変化を想定しているような場合に，〈行為に向いて〉という意味合いが感じられ，to do という形がしっくりくるようになるのである。

> 「雨が降り始めた」
> It began *raining*. →「降っている」という進行状況が始まった
> It began *to rain*. → 徐々に降り始めていった
> 「患者が呼吸をしなくなった」
> The patient stopped *breathing*. →「呼吸をしている」という進行状況が止まった
> The patient ceased *to breathe*. → 徐々に呼吸をしなくなった
> 「雪が降り続いている」
> The snow kept *falling*. →「雪が降っている」という進行状況が維持された
> The snow continued *to fall*. → 徐々に積もりゆくように雪が降り続いた

たとえば，サッと一瞬で始まったり終わったりするといった場合には doing がふさわしく，徐々に始まるとか終わりに近づくという場合には to do がより自然になる。また，継続的状態でも段階的な変化が予期されれば to do がふさわしく（continue），変化のない一定状態の維持であれば doing しか受け入れられない（keep）という相違がある。このような使い分けも，レキシカル・グラマーの視点から to do と doing を見直すことによって初めて可能になるものであろう。

8　WH- と「疑問詞」「関係詞」

what, which, who, when, where, why, how などの語彙項目（以下、まとめて WH- 系語彙と呼ぶ）が、いずれも疑問詞のみならず関係詞の用法を有することは、英語をある程度学んだ人にとってはほぼ常識である。しかし、一般に、疑問詞と関係詞の二つの用法の間に、意味のつながりがあるとは考えられていない。

関係詞は、概して、先行詞に対する後置修飾となる形容詞節を導くものである。その構造的な複雑さからして、疑問詞よりもマスターし難いと思われるのも無理はない。しかし、疑問詞にも間接疑問で複文に組み込まれる用法があり、そのときの節内の構造は、以下に示すとおり、関係詞節の場合と同じであることは指摘に値する。

Do you know [*who* came yesterday]?
　　　　　　　　↑
　　　　　　　疑問詞

Do you know the man [*who* came yesterday]?
　　　　　　　　　　　　↑
　　　　　　　　　　　関係詞

節を導く機能語も節内の構造も同一であるときに、そこに意味のつながりを想定するのはきわめて自然なことである。しかし、それが明示的に語られることがないために、「関係詞」が文法用語として一人歩きしてしまい、結果として、それが難解で複雑であるという印象を増幅させてしまっているように思われる。

レキシカル・グラマーでは、疑問詞と関係詞の語形の同一性に注目し、「形が同じであれば共通の意味がある」という発想で、両用法を同一語彙の構文の幅として捉える。その結果、「関係詞を学ぶ」

という"文法のための文法"から,「whatやwhoの使い方を身につける」という実践的な文法知識へと転換していくことが可能となる。

以下,まず関係詞の中でも特殊とされるwhatについて,先行詞の問題に焦点をあてつつ,その本質に迫ってみたい。その際,疑問詞whatとの意味の連続性を考慮しつつ,who, whichなどとの比較も行う。そうすることで,whatという語彙項目のみならず,WH-系という語彙カテゴリーに共有される文法的特性が見えてくると思われるからである。

「先行詞のない」関係代名詞 WHAT

関係代名詞のwhatは,一般に,「先行詞を含む」とされ,その裏づけとして,the thing whichで置き換えられるという説明がなされたりする。しかし,「先行詞」とは,先行する言葉があるからこそ名づけるものであるはずなのに,それを「含む」とはどういうことか。その説明には無理があるのではないか。この点を探るにあたって,who, whichとの比較を,疑問詞の段階から行ってみよう。

> ***Who*** is he?
> 彼は<u>誰</u>ですか
> ↑
> 　人であることが前提
>
> ***Which*** would you prefer?
> <u>どちら</u>がより好ましいですか
> ↑
> 　ある種の対象について,限られた数の選択肢が前提にある
>
> ***What*** is that?
> あれは<u>何</u>ですか
> ↑
> 　物?人?(曖昧すぎて前提となる集合ワクがイメージできない)

疑問詞の who を使うには，言及の対象がすでに人の集合におさまっている必要があり，which といえるためには，ある種のものが話題になっていて，限定された個数の対象が前提になくてはならない。それに対して，what は，より漠然と「何か」を問うものであり，人とも物とも言い難い，または，人とも物ともなりうるような何かを示す。このように，疑問詞が使われる前提として，なんらかの集合枠が前提になっているのが who, which であり，それが実質的に想定できないのが what だといえる。

　この疑問詞の参照枠の問題が，そのまま関係詞の用法における先行詞の問題とつながっていると考えられる。すなわち，ある人に言及がなされて，それが誰（どのような人物）かを限定・説明するのが who であり，ある種の事物への言及がなされて，それがどの（ような）事物であるかを限定・説明するのが which であるのに対して，what は，いかなる集合枠も前提にもたないために，唐突に漠然と「何か」を示すものだといえる。この唐突さと曖昧さゆえに，聞き手の関心を一気に引きつけるのも what の貴重な持ち味だといえる。

　　Do you know the doctor [*who* operated on him]?
　　　　　　　　　　　　　　　　↑
　　　　　　　　　　〈医者とは誰かという説明を付け足す〉

　　I read a book last night [*which* was really exciting].
　　　　　　　　↑
　　　　　　　〈本とはどの（ような）本かという説明を付け足す〉

　　[*What* I need] is a vacation.
　　↑
　　〈いきなり何かを説明する〉

最後の例は，ふつう「私が必要としているのは休暇です」と訳され，この what は「もの・こと」を意味する関係代名詞として把握され

ている。しかし，これが疑問詞の what と意味的につながっていることは，以下の展開からも明らかである。

> ***What*** do I need?
> 私は<u>何</u>を必要としている<u>か</u>？
> ↓
> Do you know [***what*** I need]?
> [私が<u>何</u>を必要としている<u>か</u>] わかりますか？
> ↓
> I'll tell you [***what*** I need].
> [私が<u>何</u>を必要としている<u>か</u>] 教えましょう
> ↓
> [***What*** I need] is a vacation.
> [私が<u>何</u>を必要としている<u>か</u>] というと，休暇です

この [***What*** I need] is a vacation. は，〈何が私に必要か？と問われれば，それは休暇だと答えましょう〉という具合に解釈することができる。そこには，問いをたてて答えを求めるという疑問の作用が，いわば聞き手の視点から折り込まれている。要するに，この what には，「それが何を指すか話者自身は知っていても，その場では具体的に言わずに漠然とモノ・コトとして示す」はたらきがあるということになる。いきなり漠然と what と言うことで，聞き手に一体何が提示されるのかと思わせ，それに応えるように話し手は節をつむいでいく。what にそなわるこういう語感は，the thing which という「先行詞＋関係代名詞」の分裂形では，まったく再現できない。この点をふまえれば，従来の「先行詞を含む」という表現は改めて，「先行詞のない」関係代名詞とするほうが理にかなうはずである。

現行の多くの文法書や辞書が，「what は先行詞を含む関係代名詞であり，the thing which で書き換えられる」としている。しかし，この理解の仕方とそれに基づく指導法には見過ごすことのでき

ない問題がはらまれている。というのは、上にみたとおり what はその本来的性質からして、関係詞とみなされる場合にも先行詞は存在しえない。にもかかわらず、それをあるべきものと想定して「先行詞を含む」という表現を行い、それを正当化するためにさらに実感の伴わない書き換え表現 (the thing which) を持ち出すという、二重の倒錯に陥っているからである。

実態は、この説明とはかけ離れたほどにシンプルなものだと思われる。それはすなわち、疑問詞の what から自然と導き出される解釈である。実際に、You are *what* you eat.（食は人なり）などの例でも、what は「食べるもの」とするよりも「何を食べるか」ととらえたほうが文意はつかみやすい。***What*** I've been thinking about is ... というのも、「何を考えていたかと言うと ...」ととらえれば、すんなり理解できるのである。

「何か（わからないこと）」の WHAT

「先行詞を含む関係代名詞で名詞節を導く」という説明では、いったいどういう状況で what を使うのかもつかめない。これでは「使える」文法にはほど遠い。レキシカル・グラマーでは、what は〈何か〉というコアをもつと捉える。そして、「何か」を問う場合には疑問詞になり、「何か」を具体的に示さずに漠然と「もの・こと」として示す場合に関係代名詞としてはたらくと捉える。

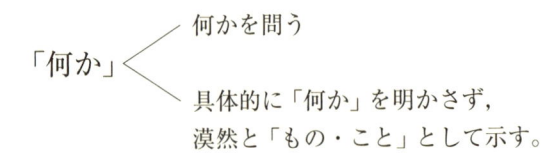

「何か」 ー 何かを問う
　　　　＼ 具体的に「何か」を明かさず、
　　　　　漠然と「もの・こと」として示す。

「もの・こと」というのは、what の関係詞の用法を日本語で理解するための工夫だが、英語の情報提示の順に注目して解釈を試みれば、***What*'s important**（何が大事かと言うと）→ **is that we support each other.**（それはお互いに支えあうことだ）のように、「何か」とい

う発想で十分に理解できるケースが多いということにも気がつくはずである。

関係詞の what を使うときには,「何か」を具体的に示さずに漠然と「もの・こと」として示すと述べた。この「もの・こと」は中身が明示されない何かであるから,「それって何?」と問えるような対象である。そういう場合に英語で what が使われるということになる。以下の例を使って,実際に what を使うときの感覚をなぞってみよう。

> 人がする こと は易しく見える
> 　　　―それって何?と問うことができる (what を使える)
> ⇒ [***What other people do***] looks easy.

> [今日できる こと] を明日に延ばすな
> 　　　―それって何?と問うことができる (what を使える)
> ⇒ Don't put off till tomorrow [***what you can do today***].

> 大切な こと はあきらめないことだ
> 　　　―それって何?と問うことができる (what を使える)
> ⇒ [***What is important***] is that you never give up.

こうすると, what がぐっと使いやすくなるはずである。やはり,疑問詞か関係詞かという文法用語による分類にこだわるのではなく,「what は what だ」というくらいの気持ちで使いこなしていくことが大切である。そして, これもレキシカル・グラマーのアプローチによってこそ可能となることなのである。

間接疑問の名詞節と関係詞が導く形容詞節

what は関係詞としては先行詞がなく名詞節を導く,それゆえ,間接疑問の what 節と判別し難いことはすでに見たとおりである。しかし, what 以外 (how も what と同様に名詞節を導くが, その点は後述) の WH- 系語彙群は, 関係詞としては一般に形容詞節を

導くものである。果たしてここでも，疑問詞と関係詞の意味的なつながりはあるのだろうか。この点をすでにあげた who の例で確かめてみよう。

(1) Do you know *who* came yesterday?
(2) Do you know the man *who* came yesterday?

(2) を日本語で捉えようとすると，「昨日来た人知ってる？」となり，このとき関係詞が逐語的に訳出されないことからも，who のもつ意味合いが実感できない。しかし，「昨日来た人」という情報の並びは，the man who came yesterday のそれと著しく異なっている，否，むしろほぼ正確に逆行している。今，これを英語の情報処理のシークエンスを可能な限りリアルに再現するために，日本語が多少不自然になるのをいとわずに分析してみると以下のようになる。

the man → *who* came yesterday
その人　　誰かというと昨日きた(その人)

上の分析が理にかなっているとすれば，疑問詞の who が「誰か」を問うのに対して，関係詞の who は「誰か」を説明する機能を担うと言える。噛み砕いて言うと，関係詞の who は，話し手がその人が誰かを知っていても聞き手にはそれがわからない（と想定される）ときに，それがどういう人物かという情報追加を行うシグナルになるということである。

この議論を WH- 系語彙群に一般化すれば，未知の情報を問う疑問詞に対して，関係詞は先行する名詞情報に情報追加を行うシグナルとして位置づけられる。そう考えると，関係詞の使い方がとても身近に感じられるようになる。

This is the book（これがその本）
→ *which* I talked about yesterday.（その本ってどれかと言う

と, ボクが昨日話題にした(その本))

I remember the day (その日を覚えている)
→ ***when*** I first met you. (その日とはいつかと言うと, あなたと初めて会った(その日))

などのように捉えられるからである。関係副詞も,「時」はいつか(when),「場所」はどこか(where),「理由」はなぜか(why)という具合に, 説明追加のシグナルとなるのは関係代名詞と同様である。

制限用法と非制限用法

これまで疑問詞と関係詞の意味のつながりに焦点をあてるため, 関係詞の制限用法と非制限用法の相違についてはあえて言及してこなかった。ここでその点についてふれておきたい。

先行詞に情報を追加して,「まさにその」という具合に対象を絞り込むのが制限用法だとすれば, 非制限用法は, 先行詞の直後にカンマをつけて制限的な絞り込みをしないことを明示して, 単に補足的情報を加える用法である。たとえば, I want to buy a car ***which*** has a sunroof. では, 関係詞節がないと, 私がどんな車が欲しいのか不明になってしまう。つまり, 制限用法の関係詞節は先行詞の必要条件になる。情報のカタマリ(チャンク)としては, [a car which has a sunroof] で 1 チャンクだ。一方, John wants to drive my car, ***which*** has a sunroof. では, 関係詞節がなくてもどの車か特定できる。つまり, [my car] でいったんチャンクを閉じてから, カンマ以降につながる。ただし, 話し言葉では, 非制限用法を明示する方法はなく, 間(ポーズ)の取り方や文脈から判断される。

原則的に常に非制限用法になる場合として, 先行詞が固有名の場合がある。固有名は, 対象が一つで(複数の中から)絞り込む必要がないために, 関係詞節が続く場合は単に補足的な情報が追加され

る。Einstein, ***who*** is famous for his relative theory, didn't do well at school. (アインシュタインは相対性理論で有名だが学校での成績はよくなかった) などがその例で, この who は対象を絞り込むことなく, 補足的な説明を足している。which は, She kept silent, ***which*** embarrassed me. (彼女は黙っていたが, それで私は気まずくなった) のように先行する内容を受けることもある。この点については, who が he/she などと意味的に対応するとすれば, which は it にあたるため, 内容を受ける用法も生じると考えられる。

先行詞の有無から WH- 節を捉え直す

関係詞と呼ばれる語で先行詞がないのは what 以外に how もある。しかし, This is ***how*** I did it. (こうやってそれをやりました) は「これがどうやって私がそれをやったか(その方法)だ」と捉えられるから, この how 節は間接疑問の応用と見なすことができる。また, He is always nice to me. That's ***why*** I like him. (彼はいつも私にやさしくしてくれる。だから彼のことが好き) の why は先行詞を省略した関係副詞とされるが, これも, 「それがなぜ私が彼を好きか(その理由)だ」と捉えられる。

つまり, 一般化すれば, 先行詞のない WH- 節は疑問詞が導く間接疑問の応用と捉えられ, 逆に, 先行詞がある場合は形容詞節を導く関係詞となる。このように整理すれば, WH- が導く節の機能と機能語の名称のねじれた関係がなくなりスッキリするはずである。

先行詞の有無と節機能の関係

WH- 系の関係詞は, 先行詞があるもの, 先行詞がないもの, さらに, 先行詞の有無が選択的であるものという観点から, 以下の三つのグループに分けることができる。

　イ．先行詞がある関係詞：who, whose, whom, which
　ロ．先行詞がない関係詞：what, how

ハ. 先行詞があることもないこともある関係詞：when, where, why

※一般に複合関係詞と呼ばれる 〜ever の語はどれも先行詞をもたない。

ところで，WH- は一般に，先行詞があって形容詞節を導くときには，前の名詞に後ろの節を関係づけるという意味からも，「関係詞」として把握するのはきわめて自然なことである。一方，先行詞がなくて名詞節を導く場合には，説明的な文脈に応用されているとはいえ，そこには（聞き手の視点からみた）疑問の意が含まれているのだから「疑問詞」の応用とみなすのがより理にかなうのではないか。そうすると，先行詞があれば関係詞，なければ疑問詞というシンプルな対応関係で理解できるようになる。

その方向で，上の三つのグループを分類し直せば，イは関係詞，ロは疑問詞，ハは先行詞があれば関係詞，なければ疑問詞と考えることができ，「疑問詞＋ever」はすべて疑問詞の強調とみなすことができる。これらのことを，図式的に示せば以下のようになる。

A. 先行詞なし　WH-（名詞節）
　　　　　　　　　↑
　　　　　　　疑問詞

B. 先行詞あり　WH-（形容詞節）
　　　　　　　　　↑
　　　　　　　関係詞

疑問詞の仲間：wherther と if

ここで，関係詞とは直接関わりはないものの，上の A の疑問表現の一種にあたるものとして，whether と if についてふれておきたい。whether は接続詞として分類されるものの，意味的には疑問詞とつながっている。「...かどうか」とは，どちらか分からない

ことを示すからである。whether という綴りに，もとは疑問詞として使われていたことの名残が見てとれる。この whether は，「...かどうか」という二者択一的状況を示すために，It doesn't make any difference [*whether* he agrees with me *or not*]. (彼が私に賛成してくれるかどうかは大した問題ではない) のように節内で or や or not を伴うことが多い。また，whether は「...であれ〜であれ」という副詞節を導くこともあるが，これは，〈どちらか分からないが，いずれにせよとにかく〉という意味合いで，主張をゆるぎないものとする譲歩の表現である。

　本来は条件の副詞節を示す if にも，「...かどうか」という意味で名詞節を導く用法がある。条件というのも煎じ詰めれば，満たされるか否かという二者択一の問題であるためにこのような転用も生じるのであろう。if が名詞節を導くのは，以下のように，(YES/NO 疑問文から生じた) 間接疑問を導入する場合で，主にその名詞節が動詞の対象となる場合である。

"Did he pass the entrance examination?"

— YES/NO 疑問文

↑

Do you know [*if* he passed the entrance examination (*or not*)]? —「かどうか」の名詞節

この if は，主に ask, doubt, forget, know, wonder などの動詞とともに用いられる。大半が他動詞だが，自動詞 (matter) や形容詞 (not sure, not certain) とともに使うこともある。しかし，どれも二つの可能性に言及したり，確信がもてないような場合を示すという点は共通している。つまり，どの表現も，どちらか分からずに，「...かどうか」という二者択一的状況を問題とする表現になっている。I wonder [*if* you could help me with this task]. (この仕事手伝ってもらえるかしら) や I'm not sure [*if* there is enough time]. (十分な時間があるかどうかはっきりしません) もその例である。

たしかに，whether が二者択一的な疑問を示すのが本来の役割であるのに対して，if は本来条件を示すものが，ごく限られた文脈で「…かどうか」という意味に転用されているという違いはある。が，whether も if も意味的には，疑問詞の WH- に類する役割を担うことがあるという点は共通している。

先行詞の有無と WH- 節のはたらきの関係

whether と if にも，WH- 系に類する用法があるということを確認したところで，今一度，先行詞の有無と節の機能を整理して記してみると以下のようになる。

〈疑問の名詞化を示す機能語〉
疑問詞全般；what, how; whether, if
∥
先行詞なし　WH- 節（疑問または説明の提示 を行う名詞節）
↓
先行詞あり　WH- 節（先行名詞の情報追加 を行う形容詞節）
∥
who, whose, whom, which, when, where, why
〈先行詞をもつ関係詞〉
※when, where, why は先行詞がない場合は疑問詞全般に含まれる。

これとの関連で，Do ***whatever*** you think is right. (何でも正しいと思うことをやれ) の whatever は，Do ***what*** you think is right. (正しいと思うことをやれ) の what とのつながりを意識すると分かりやすい。一般に ～ever も関係詞と呼ばれるが，先行詞がないことからも疑問詞の応用とみなすのがより自然である。実際に，***Whatever*** are you talking about? (一体何を言ってるんだ？) という純粋な疑問詞としての用法もある。

WH- 系語彙項目においてもコアを踏まえれば，疑問詞とのつな

がりで関係詞もクリアになり、WH-構文のネットワーキングが可能となる。それはまた,「使える」文法への大きな一歩となるに違いない。

9　A, THE と「冠詞」の使用原理

　日本人の英語学習者にとって，文法項目の中で最も習得が困難とされるものの一つに冠詞の用法がある。たとえば，I go to school by bus.（学校にバスで行きます）で，school にも bus にも a がつかないのはなぜなのか。また，listen to the raido（ラジオを聞く）で a radio とするのは間違いなのか。watch television では，なぜ the がつかないのかなど，素朴な疑問点をあげれば際限がないのではないか。

　一般に，a は不定冠詞 (indefinite article)，the は定冠詞 (definite article) と呼ばれていることもあって，冠詞は「名詞が指す対象が特定できるか否か」という同一の尺度における対極のごとく捉えられる傾向がある。しかし，この理解の仕方は，表現者の視点から見て，冠詞の本質を穿っているとは言い難い。a と the にはそれぞれに固有の使用原理があるからだ。

　レキシカル・グラマーによれば，a の使用は話し手が対象を認知する次元に関わるものであるのに対して，the は聞き手との情報の共有，つまり，コミュニケーションのレベルに位置づけられる。冠詞は名詞が指す対象をどのように提示するかという働きがその核心となるため，冠詞のコアは意味内容というよりむしろ機能面が表に出てくる。以下，a と the のコア機能をそれぞれみていくことにしよう。

A の使用原理：対象の認知

　a については，一般に，「数えられる名詞が単数のときに a をつける」と考えられている。しかし，それでは，Give me *a beer*.（ビール1杯ください）や She was such *a beauty*.（彼女はとっても美人だっ

113

た）などの，一般に「不可算」とされている名詞が a を伴う用例を説明することができない。I go to *school* by bus. のように，「可算」とみなせる名詞を無冠詞で使う場合も同様である。これらを例外として片付けるのは容易である。しかし，大切なことは，用例を規範のふるいにかけることではなく，冠詞を納得して使えるようになるための説明の仕方を提供することである。そもそも，名詞が可算か不可算かということを，あらかじめすべて記憶していなくては名詞句一つ発話できない，ということになってしまえば，「使える文法」とはほど遠くなってしまう。

そこで，発想の転換を図り，名詞が示す対象をどのように捉えているかという話し手の認知のあり様が，a を使うか否かを決めると考えよう。言い換えれば，「数えられる名詞に a をつける」のではなく，「a をつけることによって，名詞の指す対象を数えられるものとして捉えていることを言語的に明示する」と理解するのである。この点を踏まえて，a のコア機能を記せば以下のようになる。

A のコア機能

複数あると想定されるものの中から一つを取り出して（単一化して）捉えているということを表す。

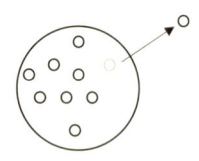

上図の囲みは，複数の対象を含む集合を表している。複数の対象の中から一つを取り出そうとするときに「a + 名詞」を使い，二つ以上を取り出そうとする場合には「名詞 + s」（複数形）を使う。複数の対象からの単一化がイメージできないときには，a の使用を控えて，無冠詞の名詞を使うのである（以下，無冠詞をゼロ冠詞と呼び，「ϕ + 名詞」という形で表記する）。

a を使う対象は有形の「個体」が基本だが，その他，「種類」や「単位」などが問題となるときにも，一定の仕切りがイメージできれば a を使うことができる。要するに，「単一化」による対象認知のプロセスによって，a か複数形かゼロ冠詞かという選択が可能となるということである。

 たとえば，*an* apple (apples) であれば，一つ（いくつかの）リンゴだが，Would you care for *some more apple*? (リンゴもうちょっといかが?) だと，スライスしたリンゴ，すったリンゴなどが意識される。

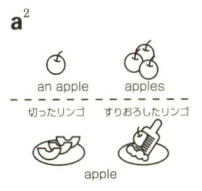

a^2

an apple　apples
切ったリンゴ　すりおろしたリンゴ
apple

© Benesse Corporation 2003

後者の some more apple の場合には，名詞が指す対象が，一定の形を想定できず単一化し難いために，a の使用を控えているのである（ただし，慣用として sliced apples のように過去分詞を伴って複数形を使うこともある。mashed potatoes なども同様）。

 ところで，名詞の対象が単一化されるか否かが a の使用を動機づけるとすれば，不定冠詞の要否を判定するには，名詞とその対象の関係について考えざるを得ないということを意味する。名詞には，普通名詞，物質名詞，固有名詞，集合名詞，抽象名詞があるとされるが，これらの名詞のタイプについて，それぞれ単一化という観点で捉え直すとどうなるか。以下に記してみよう。

普通名詞：　有形の個体が複数あって，単一化の対象となる。
　　普通名詞は，典型的には知覚可能な対象を指し，そこには生物種，自然種，人工種などが含まれる。e.g. a dog (dogs), a stone (stones), a pen (pens), etc.

物質名詞： 対象は知覚可能だが，一定の形が無いために単一化できない。水（water）や空気（air）のように，「どこをどれだけとっても，それ自体であることには変わりがない」という性質がある。そこで，個数を数える（many, few を使う）のではなく，量を測る（much, little を使う）という発想になる。

固有名詞： 名詞とそれが指す対象が固有（1 対 1）の関係で結ばれているもの。対象がもともと固有である（一つしかない）ため，有形であっても単一化されない。その固有性を大文字の頭文字で表示する。e.g. Shakespeare, Mt. Fuji, Tokyo, etc.

集合名詞： {sofas, tables, desks, etc.} などの集まりを指して furniture と言い，{apples, oranges, grapes, etc.} などを fruit と呼ぶとき，furniture と fruit は集合名詞となる。集合とはただちに知覚対象を指すものではなく，概念レベルの問題である。その概念の次元において複数の集合が想定される場合を除いて，単一化の対象とはならない。There are many *peoples* in Asia.（アジアには多くの民族がいる）は，「国民；民族」という意味で people を使っており，単一化が可能な集合名詞の用例。

抽象名詞： 抽象概念など目に見えない観念対象を表す。同種の個体を複数イメージできないので，通常，単一化されない。そこで，love, peace, beauty などのようにゼロ冠詞で表現する。

以上，名詞のタイプに応じて単一化の規準で捉え直してみたが，これらはあくまで名詞のそれぞれのタイプのデフォルト値に過ぎない。それらは決して安定的な規範として振舞うものではなく，むしろ，表現者の対象の認知のありように応じて柔軟に形を変え得るものである。

ここで，固有名詞，物質名詞，抽象名詞が，それぞれ不定冠詞をともなって普通名詞化されるケースをみてみよう。

固有名詞の普通名詞化

固有名詞は，偶然の一致を除けば，原理的にこの世で一つしかないと想定されるものの名称である。初めから単独であるものを，単一化して取り出そうという意識はふつう生じないので，固有名詞は通常 a を伴わない。

ところが，偶然の一致などでその固有名を有するものが複数想定されるような状況となれば，その固有名詞に a をつけて（普通名詞化して）使うことも可能になる。その場合，「～という名の人」，「（有名人に言及して）～のような人」，「（芸術家や製造会社などの名を使って）～の作品・製品」などの解釈の幅がある。

> Could you give me the phone number of [*a* David Cooper] on Fifth Avenue?
> （五番街のデビッド・クーパーという人の電話番号を教えてください）
> Someday he will become [*an* Einstein] in Japan.
> （いつか彼は日本のアインシュタイン〈アインシュタインのような科学者〉になるだろう）
> I can't afford to buy [*a* Ford].
> （フォード〈フォード社の製品＝車〉を買う余裕はない）

最初の例は，「～という名の人」という用法であり，これは同名の人が複数いるために固有名が一般名のように扱われるケースである。二つ目は，「（有名人に言及して）～のような人」となるもので，これは特殊な例（アインシュタイン）でもって他の一般（非凡な科学者）の代わりとする比喩の一種である。そして，第三の例が，「（芸術家や製造会社などの名を使って）～の作品・製品」となる用法である。It's *a* Sony. （これはソニーの製品です）という広告がある

が，これもその例である。

物質名詞の普通名詞化

この **a** は，本来は無形で不可算のモノに対して，ある種の仕切りやワクを加えて単体化する効果をもつ。Can I have *a* beer?（ビール1杯もらえる？）などはその例である。ビールを液体のままとらえれば仕切りのイメージはないから，通常 a はつかないが，それをボトルやグラスの仕切りを伴って捉えれば a beer という表現も意味をなす。Can I get *a* coffee?（コーヒーをもらえますか）であれば，喫茶店でなら「コーヒーを1杯もらえますか」となり，コーヒー豆専門店でなら「(ある種の)コーヒー豆をもらえますか」と理解することが可能となる。

抽象名詞の普通名詞化

この a の用法は，観念的・抽象的なものを，出来事や経験として個別化・具体化する。

There was [*a* long silence] in the meeting.
    ↑
    一つの出来事として把握される

（その会議で長い沈黙の時があった）

※a silence だと始まりと終わりの境界が意識されるのに対して，silence in the meeting だと「会議をおおう沈黙」の意になる。

It might come as [*a* surprise], but I broke up with her.
       ↑
       具体的な経験として意識される

（驚きかもしれないけど，彼女とは別れたんだ）

She was such [*a* beauty].
　　　　　　　　↑
　　　　　　具体的で個別的な人物とみなされる

（彼女はとっても美人だった）

これらは，通常は無形の概念を表す名詞が，a を伴うことによって，個別具体的な事象や対象に応用されたものと考えられる。

A の使用をあえて控える場合

逆に，Have *some more apple*. のように，a の使用を控えることで，対象が一定の形をもたないことを示したり（普通名詞の物質名詞化），go to *school* by *bus* のように，a で単一化を図り個体として表す代わりに，ゼロ冠詞によって抽象化して，その機能的側面（無形）に焦点をあてることもある（普通名詞の抽象名詞化）。

ここで，不定冠詞の有無と，名詞の対象の認知のあり方については，以下のように整理することができる。

"a + 名詞"　⇒　単一化の想定がはたらく
"φ + 名詞"　⇒　単一化の想定がはたらかない

この単一化の原理に従えば，不定冠詞の用法の中で例外とみなされる現象も，一貫した形で捉え直すことができるようになる。それは，以下のごとくである。

「a(n) ⇒ ゼロ冠詞」の変換は，抽象化により単一化が作用しなくなるときに起こる。
「ゼロ冠詞 ⇒ a(n)」の変換は，なんらかの理由で単一化が作用するときに起こる。

ここで以下のことが言える。不定冠詞の学習・指導においては，名詞の分類を機械的に覚えることではなく，名詞が指す対象に意識を向けて，それを a か複数形かゼロ冠詞かの選択に反映させることが大切であると。

では次に，the のコア機能についてみていくことにしよう。

THE のコア機能

名詞が指す対象を話し手も聞き手も特定できるということを表す。

要するに，the の使用は話し手が聞き手の参照枠を尊重することによって成立するということだが，そこで生じる共有感覚には以下の三つのタイプがある。

① **常識的共有**： 常識的共有とは，名詞の指す対象が集団や個人間で常識知として共有されるということ。*the* sky や *the* sea もそうだが，I'll call *the* police.（警察を呼びますよ）も常識的に対象が把握される。listen to *the* radio であれば，誰もが知っているいわゆるラジオを聞くということになる。また，When I was driving, *the* engine broke down suddenly.（運転中にエンジンが突然故障した）では，車にはエンジンが必須であるという常識が the の使用の動機づけにつながっている。

② **指示的共有**： 指示的共有とは，話し手が指さすことによって，名詞の指示対象が相手にも特定可能となる場合で，Look at *the* car over there.（向こうの車を見て；ただし，このとき車は 1 台しかないという前提が必要。数台ある場合であれば Look at that car over there. のように that を使う) や Pass me *the* salt, please. (塩をとってください) などがその例である。

Look at *the* car over there.　It is a vintage car.

the

ただし，ここでいう「指示」とは，手を使って「指し示す」という身体的行為が不可欠であるというわけでは必ずしもない。道の向こうに1台しかクルマがない状況で，the car と言えば，指ささずともその対象は特定可能になるだろう。そこで，この「指示的共有」は，①の「常識的共有」の一つの具体的な表れとみなすこともできる。つまり，外界の身近なところに指示し得る対象が一つだけあることから，「常識的」にその対象の特定が可能となるという捉え方である（このように捉えると，定冠詞 the と代名詞 it との意味的な関連がより明確に把握できるようになる。その点，第II部10章を参照）。

③　**文脈的共有**：　文脈的共有とは，言葉の前後関係から，名詞が指す対象が相手にも了解される場合である。I bought a dog and a cat 10 years ago. *The* dog still lives with me. (10年前に犬と猫を買ってきて，その犬はいまだに私と一緒に暮らしている) のように，「既出」の名詞を再度使うときに the を伴うこともあれば，*The* person I've been talking about is my uncle. (私が話題にしている人は私の叔父です) のように，後に情報を追加することで対象が特定可能となることを「予告」する用法もある。

(1) すでに言及された対象を取り上げる場合

I bought a cat and a dog ten years ago.

　　〈先行文脈〉　[***The*** dog] still lives with me.
　　　　　　　　　　↑
　　　　　　　先行文脈によって名詞情報が共有される

(2) 後続の文脈で対象を特定化する場合

[***The*** person] → I have been talking about / is my uncle.
　　↑　　　　　　　　　　〈後続文脈〉

いきなり the を使って，後続文脈で特定化することを予告する

五つの名詞形とその使い分け

ここで a と the の使用を考慮に入れて，名詞(句)の具体的な形について改めて考えておこう。英語の名詞には，「the + 名詞」「a + 名詞」「φ + 名詞」「the + 名詞 + s」「名詞 + s」という五つの形があり，それぞれに指示する内容に違いがある。そのことを radio を例にとって示すと以下のようになる。

　　the radio ── 自分も相手も特定できる（誰もが知っているいわゆる）ラジオ
　　a radio ── 何台(何種類)もあるなかの1台のラジオ
　　radio ── 個体として取り出せないラジオ（「無線」）
　　the radios ── 相手にもわかる特定の複数のラジオ
　　radios ── 特定されない複数のラジオ

listen to *the radio* であれば，習慣的に「誰もが知っているいわゆるラジオに耳を傾ける」ということで，そこから「ラジオ(番組)を聞く」といった意味合いで理解される。buy *a radio* とすれば，相手がどれかを特定できないようなラジオを1台買うということで，そのラジオが相手も特定できる場合には buy *the radio* とする。それらが複数のラジオであれば，*radios* や *the radios* という

形を使えばよい。また，They communicated by *radio*. (彼らは無線でやり取りした) では，*radio* が形をもたない無線(ラジオ電波)を意味することになる。

これらの例からもわかるように，名詞と冠詞の組み合わせは，訳もなく機械的に決まっているのではない。名詞が示す対象をどのように捉えているか，また，それを相手と共有しているか否か，という明確な判断の基準に従って，a を使ったり the を使ったりしているのである。

ちなみに，「テレビを見る」は watch *television* だが，これはテレビという機械そのものではなく，対象として特定できない映像のほうを問題にしているためである。watch *the television* と言えば，映像ではなくテレビという機械をじっと観察するという意味合いになってしまう。一方，「テレビをつけて」なら，ふつう眼前にあるテレビそのものであるから Turn on *the television*. というのが自然になる。

watch *television*　　watch *the television*　　turn on *the television*

では，play *the guitar* を play *a guitar* と言ったらどうなるのか。前者は常識的共有を示す the を伴う慣用度の高い表現で，「(誰もがご存じのいわゆる)ギターを弾く」となるのに対して，後者は「複数(いろいろ)あるギターの中の一つを弾く」という具合に事態が構成され，そこから，種類を強調して何か特殊なギターでも弾くのかといった反応が引き出される可能性がある表現である。

Wow, you've got *a new car*! (おー! 新しい車買ったんだね) では，指示的共有が可能な文脈であるにもかかわらず，the を使わず

に a を選択するのはなぜか。これは the が示す情報の共有が既知感をほのめかすため、それを避けて代わりに新情報を示す性質がより強い a を選んでいるのである。

Wow, you've got *a new car*!

冠詞の使い方を判断するにあたっては、冠詞を使うかどうかが名詞ごとに決まっているという考え方をいったん捨てて、対象をどのように捉えているのかということに注目し、その捉え方を冠詞の使い方に反映させるようにする必要がある。そこで、まず a と the のコア機能を使用原理としてしっかりとおさえた上で、常に表現者の視点からこれらの語彙を使っていくという習慣を身につけていきたいものである。

10 IT, THAT と「形式主語[目的語]構文」「強調構文」「接続詞」「関係詞」

　it と that は，形式主語構文や強調構文など多様な構文と関連する重要な語彙項目である。しかし，一般にいずれも「それ」と訳せる代名詞として理解されているせいか，両者の役割の境界線が今ひとつはっきりしない。また，that については関係詞や接続詞としての用法もあり，複文構造に慣れ親しむには必須の項目なのだが，指示語の that との意味的なつながりが見えないこともあって，that の意味用法は複雑で多岐にわたるという印象が生じてしまっているように思われる。

　これに対して，レキシカル・グラマーでは，まず，it と that のはたらきの本質的な相違を明確にする。すなわち，it は状況的に共有される名詞情報を示す代名詞であるのに対して，that は直接的に対象を指す指示語であると。この本質的な相違に基づいて，それぞれを含む構文を捉え直すと，複数の構文の関連がすっきりつかめるようになる。また，that の用法も，指示語のコアを維持しつつ節を導入するシグナルとしての機能をも獲得すると捉えることで，その理解を体系的なものにすることができる。

　では，まず it と that の相違から確認していくことにしよう。

IT と THAT のコア機能

　it と that は，よく似た代名詞と思われているが，両者には明確な違いがある。それぞれのコア機能を記すと以下のようになる。

> THAT のコア機能
> 心理的に離れた対象を「それ」「あれ」として指す

> IT のコア機能
>
> 話し手が聞き手と状況的に共有していると想定される名詞情報を「それ」として示す

　両者の相違のポイントは，that が対象を指す指示詞であるのに対して，it は状況的に共有される名詞情報の代わりをはたす代名詞であるという点にある。that は心理的に離れた対象を指すはたらきがあり，本来の意味で指示詞である。this が心理的に近くの対象を指すのと，ちょうど対をなす。一方，it は直接的に何かを指すのではなく，あくまでも状況的に共有される言及対象が問題となる。

　たとえば，"Whose car is *that*?" "*It*'s mine."（「あれは誰の車ですか」「私のです」）というやり取りで，持ち主が不明の自動車について，Whose car is *that*? と問うのは，対象を直接的に指してその問いを発するためである。それに対して It's mine. と応じるのは，対象を直接指すのではなく，状況的に共有される名詞情報（持ち主が問われている自動車）を「それ」として示すためである。このとき説明の便宜としては，The car is mine. と言えるところで，the car の代わりに it を用いているという意味で「代名詞」であるとも言える。もちろん，ここで *That*'s mine.（あれは私のです）と答えるのも可能だが，その場合は直接的に対象を指して応じている感じになる。

対象を指さしつつ *That*'s mine.　　前言の内容を示しつつ *It*'s mine.

THIS と THAT

　ここで，that の特徴をより明確にするために this と比較してみよう。まず，いずれも指示詞であり，対象を直接指示するはたらき

があるという点は共通している。両者の相違は，対象との距離感にあるのだが，それは客観的な距離というより，むしろ心理的な側面も含む距離感覚とでも言うべきものである。そしてその中には，日本語では違和感を覚えるものの英語の用法としてはごく自然なものもある。では，どのような距離感が this と that の使用を動機づけるか，以下にまとめてみよう。

> 自分の領域内 (here) にあると感じられる対象を指すとき
> → this を使う
> 自分の領域にない (there) と感じられる対象を指すとき
> → that を使う

上の相違点を確認する意味で，以下の用例を分析してみよう。

(1)　Who is ***this***?
(2)　Who is ***that***?
(3)　Who is *it*?

(1) の Who is ***this***? は，電話口で「どなたですか」というときに使われる。これは電話のむこうにいる相手を，自分の領域内にいる存在として受け入れているということを示す表現である。知人を紹介したりするときに，***This*** is Mr. Kato. (こちらが加藤さんです) というときの this も，自分にとって身内の人を紹介するという意味合が感じられるが，それとあい通ずるものがある。

(2) の Who is ***that***? は，第三者について「誰，あれ？」と問う表現である。自分が誰かと対話しているとすれば，その対話空間は自分 (たち) の領域で，this で指せる範囲となるのに対して，その領域の外にいる第三者は that の領域になる。たとえば，A さんが B さんと話していて，その対話の外にいた C さんがたまたま 2 人の目を引いたとする，そこで A さんか B さんが Who's ***that***? と言

う。あるいは，AさんとBさんが電話で話していて，Aさんのそばにいた C さんの声が聞こえてきたのに対して，B さんが Who's *that*? と言う，などといった状況が考えられる。いずれにせよ，that を使うのは，自分(たち)の領域にない対象を指すという場合である。

(3) の Who is *it*? は，ドアをノックしている相手に対して，ドア越しに，「どちらさまでしょうか」と問うときに使われる。ここで，Who are you? としないのは，まだ，you and me という対面状況が生じていないからだし，he や she が使えないのはいまだ性別がわからないからである。Who is *this*? としないのは，電話口での対応を除けば，自分が語りかける相手を this で指すのは違和感があるためである。Who is *that*? としないのも，ドア1枚を隔てているとは言え，自分が語りかけようとしている相手を that で指すのに抵抗があるからだろう。そこで，ここでは，距離感にかかわらず，状況的に相手と共有される名詞情報（ここではノックをしている人）ととらえて it を使うのである。あえて言えば，Who is the person knocking on the door? の the person ... の代用をはたす it ということである。この the person における the は，今おかれた状況から常識的に名詞の指示対象が特定できるという意味で「常識的共有」の用法にあたる（p. 120 の the の「常識的共有」「指示的共有」の項を参照）。

この用法からわかるのは，it は言葉で先行する情報が必須かと言うとそうではなく，外界の対象を問題とするときでも，それを話し手と聞き手が名詞情報として共有していれば使うことができるということである。だから，なんの脈絡もなしに，ある対象を指して，What's *that*?（何，あれ？）と言うような場面で，What's it? とするのはたしかにおかしいが，状況的に名詞情報が共有されてさえいれば，What is *it*? は自然な表現になるのである。たとえば，子供が誕生日でプレゼントをもらってきたということがわかりきっている状況で，贈り物の箱を開けながらとても嬉しそうな顔をしてい

る。でも、その中身が見えない母親が、What is *it*? (何、それ?) と切り出すのは自然である。これもあえて言えば、What is the present? (そのプレゼント、何?) の the present の代用として it を使っているということになるのだが、この the も「常識的共有」とみなすことができるものである。

THAT と IT を一緒に使う慣用表現

That's *it*! などのように、that と it を同時に含む慣用表現は紛らわしく感じられるが、これも it と that のコアから分析すれば、理にかなった使い方をしていることが分かる。*That*'s *it*. は相手の言葉を指して「そのとおり!」という意味で使ったり、自分でやや込み入った説明をしていて、「まあ、そんなところです」と言って話を切り上げる場面で使ったりする。ここでの that は、相手または自分が述べた言葉をそのまま指しているのに対して、it のほうは、話し手が聞き手との共有を想定している話題を示しているのである。

That's the way *it* is. (それはそんなものさ) も同様の分析ができる。これは、たとえば、政治の腐敗ぶりを盛んに嘆いている相手に対して言ったりする。ここでも that は今述べられたばかりの発言を直接的に指すのに対して、it は「政治というもの」といった共有されている話題を示している。

There is more to *it* than *that*. (それにはもっと深いわけがある) も同様で、たとえば、「あの二人離婚しちゃったけど、性格の不一致?」と言われた状況で、上のセリフを使ったとしよう。そのときの that とは、「性格の不一致」というコメントの部分を直接指していて、it は共有を想定している話題である「あの二人の離婚」を示しているということになるのである。

IT の用法

it は直接的に何かを指すのではなく、話し手が聞き手と状況的に

共有している名詞情報を示すと述べた。その具体的な共有の仕方には以下の三とおりがある。

① すでに述べられた物事について，状況的に共有される名詞情報として it で示す。
② 天候・時間・距離・明暗などを，漠然と共有される状況として it で示す。
③ 後続の内容によって名詞情報の共有が確保されることを予告すべく，前方で it を使う。

"Can I borrow your dictionary?" "Sorry, I need *it*." (「辞書貸してくれる？」「ゴメン，使うんだ」) は①の例だが，このとき厳密に言えば，この it は決して your dictionary という語句をそのまま指しているのではない。"Sorry, I need your dictionary." としたのでは会話が意味をなさない，ということからもこのことは容易に分かる。むしろ，"I need the dictionary." と言えるところで the dictionary の代わりに it を使っている。つまり，状況内で共有される名詞情報として捉えているのである。I bought a new printer, and I like *it*. (新しいプリンタを買って，それが気に入っている) の it も，a new printer を直接指すのではなく，むしろ「自分が購入した新しいプリンター (the new printer I bought)」という状況内で共有される名詞情報の代わりをはたしている。こうしてみると，it の本来のはたらきが，何かを指すことではなく，状況的に共有される名詞情報の代わりをはたすというものであることが確認できる。

②は，天候・時間・距離など，漠然と (常識的に) 共有される状況に言及するときに使う用法である。これらは具体的に指させる対象ではないので，必然的に this や that の使用は控えられ，逆に，状況的に共有される名詞情報と捉えて，その代用として it を使うのである。たとえば，What time is *it*? (今何時ですか；時間)，*It*'s not a long way from here to the station. (ここから駅までは遠くない；距離)，*It* has been raining for three days. (3 日間雨が降り続い

ている；天候)，Come back before *it* gets dark.（暗くなる前に帰っておいで；明暗）などはみな主語としての用法だが，Take *it* easy.（気楽にやれよ）や You made *it*!（やったね）のように，行為の対象として「漠然とした状況」を示す例もある。

③には，一般に形式主語［目的語］構文と呼ばれるものが含まれる。*It*'s nice *to* see you again.（再会できてよかったです）や *It* is a pity *that* you can't come to our party.（君がパーティーに来られないのは残念だ）などがその例である。

それぞれ，*It*'s nice（素敵なことです）→ *to* see you again.（あなたと再会するという行為と向き合えるのは），*It* is a pity（残念なことです）→ *that* you can't come to our party（君がパーティーに来られないということは）という具合にとらえることができる。これらの構文では，後方で具体的な情報を提示することで，言及対象が共有可能となることを想定して文頭で it を使うのだが，そのことが聞き手の立場からすれば，後方の情報展開を予測させるはたらきをもつことになるのである。

Computer technology has made *it* easier *to* work from home.（コンピュータ・テクノロジーのおかげで在宅業務がより容易になっている）などは，動詞の直後で it を立てて，後に具体的な説明を施すことを予告するパターンである。Computer technology（コンピュータ・テクノロジーが）→ has made *it* easier（より容易であるという状況を作り出した）→ *to* work from home.（家から仕事をするということが）という具合に捉えることができる。*It* doesn't matter *whether* he will join us or not.（彼がわれわれの仲間に入るかどうかは問題ではない）のように wh- 節が後続する場合もあるが，これも It doesn't matter（問題じゃない）と言っておいてから，it の具体的な内容として whether 節を提示している。it が漠然とした形であれ主語［目的語］の役割を果たしつつ，後の具体的な情報を予測させるような展開になっているのは同様である。

ここでの it は，前の内容ともつながりがなく，常識的に共有さ

れる状況でもない，それでも it を使うということから，必然的に，共有感覚を確保するためには後方の情報展開に依存するほかないということになる。これが予測のメカニズムとして働くことによって，it ... that, it ... to などの構文が成立していると考えられるのである。

指示詞の THAT

that の本来のイメージは，比較的遠く感じられる対象を指すことだが，そこから that はたとえば相手の言葉を指すような文脈にも応用される。this にも言葉を指す用法はあるが，それは *This is all I want to say.*（これが言いたいことのすべてです）のように，自分がすでに述べたことを指したり，I have to tell you *this*.（君にこのコトを言わなくてはならない）のように，自分が今から述べることを指すということにとどまるもので，相手の言葉を this で受けることはない。だから，*That*'s too bad.（それはお気の毒に）などで，that の代わりに this を使うことはないのである。このように that は，比較的遠くの対象を指すという性質から，相手の言葉を受けたり，または，すでに述べた言葉を振り返るように指示するというはたらきが生じてくる。これが，やがて節を導くようになれば，関係詞の用法にもつながってくるのである。

that の用法は，大別すれば，①指示詞の that と，②節を導く that に分けることができる。①の指示詞としての that には，まず外界の対象を直接的に指す用法がある。*That* car is mine.（あの車は私のです）は，指示する対象がどの種のモノであるかを明確にすべく，that の直後に名詞を加えた用法である。Do you love her *that* much?（彼女のことがそんなに好きなのかい？）の that much は，「それほど」というふうに度合いを示す副詞として使われているが，ここでも相手の言葉なり行為なりを指していることは変わりがない。I'm sorry to hear *that*.（それはお気の毒です）となると，that が相手が述べた言葉そのものを指しており，そこにある種の共感の

ような響きがこもる。これらの用法に加えて、さらに、that には、The population of India is much larger than ***that*** of Japan. (インドの人口は日本よりもはるかに多い) のように、先行する "the + 名詞" を指す用法もある。

このように、that は指示詞の段階で、すでに述べられた言葉を振り返って指し示すはたらきがあり、そこから、「それは…」といって先行する語句を指示しつつ、節を導入するはたらきにもつながっていくと考えられるのである。

節を導く THAT

②の節を導入する that の用法は、関係詞、接続詞、強調構文などの相違はあるが、いずれも「それは…」といって直後に節を導くというはたらきは共通している。具体的には、以下のような構文で使われる。

(1) This is the most exciting movie ***that*** I have ever seen.
(これは私がかつて観たなかでもっともワクワクする映画だ)

(2) I think ***that*** he is kind. (彼は親切だと思う)

(3) I heard the rumor ***that*** they are getting married.
(彼らが結婚するという噂を聞いた)

(4) ***It*** is natural ***that*** she says so. (彼女がそういうのは当然だ)

(5) It was ***so*** hot ***that*** I couldn't sleep.
(あまりに暑くて寝られなかった)

(6) ***It was*** only yesterday ***that*** I heard the truth.
(私がその事実を知ったのはつい昨日のことでした)

先行詞を「それは」と指しつつ情報を追加する関係詞 THAT

(1) の関係詞の that は、「それは…」といって先行詞を指しつつ、情報を追加するはたらきがある。「それ」とは先行する言葉を指すもので、「は…」というのは後方になんらかの述部を要請するとい

うことを示す。これを視覚的に描くとすれば，以下のようになる。

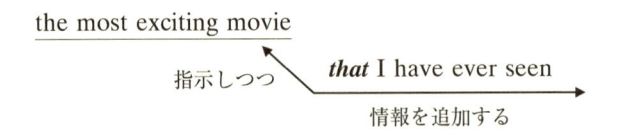

<u>the most exciting movie</u>
指示しつつ　　　***that*** I have ever seen
　　　　　　　情報を追加する

情報の単位としてみれば，the most exciting movie ***that*** I have ever seen で一つの名詞チャンクを構成している。とすると，この that は，the most exciting movie で名詞情報を完結させるのに待ったをかけながら後続節を導入するはたらきをしているということになる。ちなみに，that の直後の I have ever seen は名詞情報を一つ欠いているが，それゆえに，そこに that の指示する先行詞との意味のつながりをたぐり寄せることが可能となる。この説明の有効性を示すものとして，以下のような that の使用例がある。

> This is the farmer sowing his corn,
> ***That*** kept the cock ***that*** crowed in the morn,
> ***That*** waked the priest all shaven and shorn,
> ***That*** married the man all tattered and torn,
> ***That*** kissed the maiden all forlorn,
> ***That*** milked the cow with the crumpled horn,
> ***That*** tossed the dog,
> ***That*** worried the cat,
> ***That*** killed the rat,
> ***That*** ate the malt,
> ***That*** lay in the house,
> ***That*** Jack built.

これは Mother Goose の "This is the house that Jack built" という作品からの抜粋だが，ここで反復して使われている that は，まさに先行詞を「それは…」といって指示しつつ，節の情報を追

加するというはたらきをもつものである。そのプロセスを逐次累加していくことによって、英文全体の解釈もスムーズに行うことができる。そのように解釈すると、上の英文はおおよそ以下のような内容になる（これは正確な和訳ではなく、英語の情報の流れを維持しやすいように、日本語で言い表したものである）。

> この人はとうもろこしの種をまく農夫です，
> それ（その農夫）は，朝鳴く雄鶏を飼っていた，
> それ（その雄鶏）は，剃髪した僧侶を起こした，
> それ（その僧侶）は，ぼろを身にまとった男の婚礼を行った，
> それ（その男）は，ひとりぼっちの乙女にキスした，
> それ（その乙女）は，ねじれた角をした牝牛の乳を搾った，
> それ（その牝牛）は，犬を突き上げた，
> それ（その犬）は，猫をいじめた，
> それ（その猫）は，鼠を殺した，
> それ（その鼠）は，麦芽を食べた，
> それ（その麦芽）は，家に横たわっていた，
> それ（その家）は，ジャックが建てた。

これは日本語の自然さから見れば違和感があるかもしれないが、英語の情報の流れをつかむという意味では、より理にかなった解釈の仕方であろうと思われる。仮に、これをふつうに和訳処理をするときのように後ろから訳し上げるとしたら、「ジャックが建てた家にねかせていた麦芽を食べた鼠を殺した猫をいじめた犬…」などとなって、英語の情報提示の仕方とはまったくかけ離れたものになってしまう。

このことは、正確に訳すということが、必ずしも英語を正確に理解するということを意味しないどころか、英語の表現そのものをかえって理解し難くする可能性さえあるということも示唆している。むしろ、ここでは文構造を決定づけている that の用法を、語のコアに基づいて解釈することによって、英語のもつ本来の意味合いを

「それは」といって節を導く接続詞 THAT

　上の (2) - (5) は接続詞の用法だが，いずれも，品詞的機能の別にかかわらず，that が内容を表す節を導いていると捉えられる。以下，その点をわかりやすくするために，表記の仕方を変えて (2) - (5) の例を改めてみてみよう。

(2) 　I think　　私は思う
　　　 that he is kind.　それは，彼が親切だということ。
(3) 　I heard the rumor　　私は噂を聞いた
　　　 that they are getting married.　それは，彼らが結婚しつつあるということ。
(4) 　***It*** is natural　　当然のことだ
　　　 that she says so.　それは，彼女がそういうこと。
(5) 　It was ***so*** hot　　とても熱かった
　　　 that I couldn't sleep.　それは，寝られないほど。

接続詞の that は，関係詞の場合とは違い，先行詞を指すというはたらきはない。が，それでも，先行情報をある程度想定しつつ，「それは」といって節を導くという機能は有している。(2) では think という動詞，(3) であれば the rumor という名詞句を受けて，それぞれその具体的な内容を「それは…」と述べるにあたって that で節を導入している。
　(4) では，文頭の it が前方の内容の共有でもなく，常識的な共有でもないときに，後方の内容によって情報の共有が確保されるという予測を促す用法であり，それに呼応するようにして，後方で that が使われている。この that は，前方からの仕掛けに対して，「それは…」と応じるようにして節を導くのである。

10 IT, THAT と「形式主語[目的語]構文」「強調構文」「接続詞」「関係詞」

It is natural
　　　that she says so.
「それは」と言って節を導く

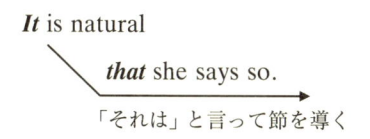

たしかに *That* she says so is natural. と表現するのも文法的には可能だが，これは文語的スタイルであるから，まずは形式主語構文に慣れることを重視すべきであろう。(5) の It was *so* hot *that* I couldn't sleep. であれば，that は so (それ程) と呼応するようにして，その「程度」の内容を具体的に説明する節を導くことになる。

　今ひとつ that で節を導く用法として (6) の *It was* only yesterday *that* I heard the truth. がある。これはいわゆる強調構文である。まず名詞か副詞を強調しておいてから，その後で「それは…」といって残りの情報を足す目印として that が使われる。これはたしかに，(3) のいわゆる形式主語構文と構文のタイプは異なる。しかし，いずれも "It be + X + that …" という構造で，it が具体的な指示対象をもたない漠然さをもつゆえに，後方に具体的な情報を予測させ，それに呼応するように that で「それは…」といって節を導くという点は共通している。そこで，(6) も *It was* only yesterday (つい昨日のことだった) *that* I heard the truth. (それは，私が事実を知ったのが) という具合に意味処理ができるのである。

　it は状況的に共有される名詞情報の代わりをはたす代名詞であるのに対して，that は直接的に対象を指す指示語である。it は直接的に何かを指示しない代わりに，漠然とした状況で主語を立てるときによく使われる。また，it は先行情報の共有でもなく，常識的な共有でもないときに，後方の具体的な情報によって内容の共有がなされるはずだろうという予測が生じ，そこから it … to や it … that などの構文が形成されると考えられる。一方，指示詞の that は比較的遠くの対象を指すという語感ゆえに，直接指させる物だけでなく発話された言葉を振り返って指示するはたらきが生じる。そ

こから，先行詞を「それは…」と言って振り返るように指示しながら，後方に節を導入するという用法にも展開していく。

このような，it と that のコア機能に基づく構文の展開がつかめれば，それらの構文を使いこなす力も増していくのではないだろうか。

11 CAN, MAY, MUST, SHOULD と「法助動詞」

　助動詞を学ぶときは，一般に，個々の意味用法を累加的にリストアップしていくという方法が採られているように思われる。たとえば，MUST には「義務」に加えて「断定」の用法があるとか，CAN は「能力」に加えて「許可」の用法もあり，ときに「可能性」をも表すとか，MAY には「許可」「推量」の主な用法に加えて「譲歩」や「祈願」の表現もあるといったやり方である。しかし，それでは，なぜ同一の助動詞に意味の異なる複数の用法があるのかが分からず，個々の用法をバラバラに記憶していくほかない。また，たとえば，「許可」を表すとき MAY と CAN では交換可能なのか，「義務」を表現したいというとき，MUST と SHOULD と have to はどのように異なるのかといったことも明確にならない。その結果，助動詞を使い分けたり，使いこなしたりすることは容易ではないという状況が生じてしまう。

　これに対してレキシカル・グラマーでは，助動詞のコアに注目することによって，複数の用法の間の意味のつながりがつかめるようになる。また，それぞれのコアの相違から，類似の表現のニュアンスの差も感じとれるようになり，そこから使い分けも可能になってくるのである。

話し手の判断を示す法助動詞

　個々の項目の分析に入る前に，助動詞の役割について見直しておきたい。一口に「助動詞」と言っても，そこには CAN, MAY, WILL などのように，動詞の原形とともに用いて話し手の主観を提示するものもあれば，分詞と結合して進行形・完了形・受身形を作る BE・HAVE もある。さらに，否定・疑問・強調などを表す

のに使われる DO もある。それらのうち、ここでは話し手の心的態度の表明に関わる「法助動詞 (modal auxiliary verbs)」をみていく（ここでの「法」とは、「話し手の心のありよう (mood)」といった特殊な意味合いである）。

　法助動詞には、ある事柄に対する話し手の判断を示す働きがある。たとえば、It is true. は「それは事実だ」ということを客観的に述べる表現であるのに対して、It *may* be true. (それは本当かもしれない) や It *cannot* be true. (それは本当のはずがない) には、"It is true." という命題に関する話し手の判断が示されている。

　　It is true. ［客観的に述べられること］
　　「そうかもしれない」という判断を示す → It *may* be true.
　　「そうに違いない」という判断を示す → It *must* be true.
　　「そんなはずはない」という判断を示す → It *cannot* be true.

ここでは、法助動詞の代表格として、まず、CAN, MAY, MUST をみておきたい。そして、SHALL にふれつつ SHOULD についても扱うことになる（WILL については、第II部12章を参照）。

法助動詞の二つの意味系統

　一般に、法助動詞には大別して二つの意味の系統がある。ひとつは、話し手がある「状況の認識」を述べる用法で、そのとき、法助動詞は上に挙げた例のように推量の意味合いを帯びる。今ひとつは、対話的な文脈で「行為の意図」に言及する用法である。行為の意図とは、「こうしたい」とか「ああして欲しい」といった（未然の）行為をめぐる「心のありよう」であり、それを法助動詞で表現すると、「許可」「提案」「依頼」「勧誘」「義務」「命令」など、さまざまな機能表現を産み出すことになる。

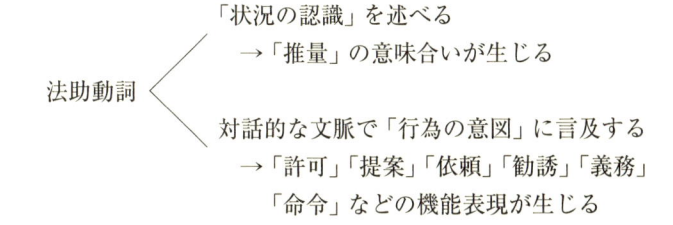

法助動詞 ╱ 「状況の認識」を述べる
　　　　　　→「推量」の意味合いが生じる

　　　　　╲ 対話的な文脈で「行為の意図」に言及する
　　　　　　→「許可」「提案」「依頼」「勧誘」「義務」
　　　　　　　「命令」などの機能表現が生じる

May I ask you a favor?（お願い事をしてもいいですか）や ***Will*** you have some more coffee?（もっとコーヒーを飲みませんか）などは，対話的な文脈で使われる法助動詞の例だが，それぞれ「許可」「勧誘」といった機能に関する表現になっている。

　ここで確認しておきたいのは，上に記した二つの用法は，あくまで法助動詞が使われる文脈の相違から生じるものであって，法助動詞のコアそのものはいずれにおいても一貫しているということである。その点をふまえて，以下，CAN, MAY, MUST のコアを確認し，それぞれが「行為の意図」と「状況の認識」において，どのように展開されているかみてみよう。

CAN のコアとその展開

　　CAN のコア 〈行為や状況が実現可能である〉
　　　　　　　　　┌「（能力的に）できる」
　　行為の実現可能性 ←「（状況的に）できる」
　　　　　　　　　└「（許可を得て）できる」
　　状況の実現可能性 →「（理論上・経験上）～することもある」

CAN のコアは，「あることが実現可能である」というものである。これをあえて，視覚的イメージで表現すれば，以下のようになる。

CAN のコア のイメージ

このイラストは、条件さえ整えばあることが実現可能であるという状況を示している。CAN は実現可能性を意味するものの、行為の遂行や状況の実現までを明示的に意味することはないということもうまく表現できている。そして、このことは CAN が元来、「〜のし方を知っている」という意味合いの動詞であったこととも符号する。

具体的な用例でみると、I *can* swim. (僕は泳げる) は「(能力的に)〜できる」だが、We *can* swim here unless it's too cold. (あまり寒くなければここで泳ぐことができる) なら「(状況的に)〜できる」となり、You *can* swim in my pool. (君は私のプールで泳ぐことができる) だと、ふつう「(許可を得て)〜できる」と解釈される。コアから発想すれば、can の「できる」には「能力」だけでなく「許可」も収まっているということがすんなり理解できる。また、*Can* I help you? (お手伝いしましょうか) のように、CAN には「申し出」を示す用例もある。これは、「(私に)〜できますか」といった意味合いで捉えることができる。さらに応用として、We *can* take a taxi if you like. (お望みとあればタクシーに乗れますよ) であれば「提案」となり、*Can* you do me a favor? (お願いごと聞いてもらえるかな？) は「依頼」、You *can* stop annoying your sister. (妹の邪魔するのやめられるでしょ) なら「命令」として機能する。

これらの多様な CAN の用法を、コアに拠らずに個々にリストアップしていくというやり方では、CAN の用法の全体像をなかなかつかむことができず、後から後から例外が増えていくような印象を与えてしまう。そして、遂には、最初に学んだ「能力」の CAN

とはいったいなんだったのかという徒労感すら与えかねない。逆に，これらの種々の用法もCANのコアをふまえれば，柔軟に対処できるようになっていくのである。コアの重要性は，助動詞の用法をマスターする際にも強調し過ぎることはないということである。

can と be able to の相違

CAN は be able to で書き換えられると言われたりする。たしかに，交換しても意味が通ずる場合もあるが，それはむしろ例外に過ぎない。両者には明確な意味の違いがあるのだ。CAN は，何かが「可能である」という話し手の判断を示すのに対して，be able to は，「ある行為をする能力がある（状態にある）」という意味合いになる。すなわち，CAN が種々の状況的な要因をも考慮して，ある行為が「可能である」という判断を示すのに対して，be able to は，純粋に「能力」を示すのである。そこで，たとえば，以下のような使い分けがなされる。

たとえば，We *can* swim here unless it's too cold. などは，「(状況的に)可能である」ということで，能力の問題ではないから be able to は使えない。それゆえ，I *am able to* swim, but today I *can't* because it's too cold. (僕は泳げるけど今日は寒すぎて泳げないよ) などの表現も意味をなすことになる。最初の，「泳げる」とは能力の問題であり，後者の「泳げない」は状況的な可能性に言及しているのである。また，How *can* you say a thing like that? (どうしてそんなことが言えるのか？) などは，失礼な発言に対する叱責の意味合いがあるが，ここでも能力の問題ではなく，そういう発言を可能にするのはどういう事情かということを示すために，CAN が選択されるのである。また，なかなか自転車に乗れない子供に，Come on! You *can* do it! (さあ頑張れ！ できるから！) といって励ましたりする。現実はまだ自転車に乗れない子供に向かって，be able to を使うのは矛盾してしまう。が，CAN であれば，「可能だよ」という「励まし」としても使えるのである。

「推量」を示す CAN の用法

Summer in Tokyo *can* be very hot. (東京の夏はとても暑くなることがある) は「(理論的に・経験的に)〜することもある」という用法にあたる。この CAN は反復可能な事象の実現可能性に言及するもので、一回限りの事柄にはふつう使わない。たとえば、「彼は今図書館で勉強している最中だ」という状況に可能性の判断を加える場合、He *cannot* be studying in the library now. (彼が今図書館で勉強しているはずがない) のような否定文脈であればまったく問題ない。これはあくまで可能性の否定になるからだ。しかし、ここで肯定の CAN を使うと、理論上の可能性というよりも一回性の状況を推量する感じになってしまい、これは MAY の守備範囲とかぶってしまう。「(実際に)〜かもしれない」という推量を示すには、He *may* be studying in the library now. (彼は今図書館で勉強しているかもしれない) のように MAY を使って表現し、可能性として反復し得るような状況では CAN を使うという具合に使い分けるのである。この点、That *cannot* be true. (それは本当のはずがない) と That *may* [?can] be true. (それは本当かもしれない) についても同様である。つまり、that が個別具体的な事象を指すために、CAN の肯定による推量は相性がよくないということである。

次に、MAY のコアとその用法をみてみよう。

MAY のコアとその展開

MAY のコア 〈行為や認識を妨げるものがない〉

行為の遂行を妨げるものがない ⟷ 「〜してもよい」(許可)
　　　　　　　　　　　　　　　　「〜しようとも」(譲歩)
　　　　　　　　　　　　　　　　「〜しますように」(祈願)

状況の認識を妨げるものがない → 「〜かもしれない」(推量)

MAY のコアは、「行為や認識をさまたげるものがない」というものである (Sweetser (1990))。MAY は MUST と対比的に捉える

11 CAN, MAY, MUST, SHOULD と「法助動詞」　145

と理解しやすい。MUST は「強制力」をコアに含むため,「ほかに選択肢がない」といった意味合いになるのに対して, MAY は「ほかにも選択肢がある」という状況が意識されるという違いがあるのである。これを視覚的に描けば以下のようになる。

You *must* go home now.
家に帰る以外の選択肢はないということ。

You *may* go home now.
家に帰る以外の選択肢もあるということ。

用例をみると, You *may* go home. (帰宅してよろしい) は「許可」を示すとされるが, それは You *can* go home. とどう違うのか。CAN は, 相手に対してある行為が「可能である」という判断を話し手が示すことから「許可」の意味合いになる。一方, MAY は〈～するのにさまたげがない〉という話し手の判断を示すことで「許可」を示すために,「～してもよろしい」といった感じで, 目上から目下に向けられた言葉のように聞こえる。同じ理屈で *May* I ～? (～してもよろしいでしょうか) は, その判断を相手にゆだねることから幾分へりくだった感じがするのだが, *Can* I ～? は, むしろ行為遂行が可能（できる）か否かを問うに過ぎないので, よりカジュアルな印象を与えるという相違があるのである。

It *may* be true. (それは本当かもしれない) は〈そうであるという判断をさまたげない〉ということから,「そうかもしれない」という推量になる。「そうかもしれない」ということは,「そうでないかもしれない」ということでもあって, 要するに, "どちらでも差し支えない" という感じがする。MUST が「強制力」をもつことから "他の選択肢はない" といったニュアンスをもつのと対照的である。

「祈願・願望」の MAY

その他，MAY には「祈願」や「譲歩」の用法もあるが，MAY のコアはそこにも生きている。***May*** you be very happy! (あなたが幸せでありますように) は，倒置でありながら疑問ではないある種の主張を示す構文である。そこで，「どうか〜にさまたげがないように！」という「祈願」を示す表現として理解されるようになるのである。

類似の用法で，丁重な「願望」を示すこともある。たとえば，飛行機内で，***May*** we remind you that this is a strictly no-smoking flight. (この飛行機では喫煙は難く禁じられておりますことをご了承下さい) と記されていたりすることがある。これは，we remind you that ... (以下の内容をあなた方に思い出させる) ということについて，「さまたげがありませんように」とコアをふまえて解釈すれば，なぜ丁重な「願望」表現になるのか理解できるはずである。

「譲歩」の MAY

また，Whatever you ***may*** say, I'll never change my mind. (あなたが何と言おうと，私は自分の考えを変えるつもりはない) のような，譲歩の副詞節における MAY の用法もある。ここでは，「たとえ〜としても」という論理を示すのに，MAY の "どちらでも構わない" という感じがフィットするのである。She ***may*** be pretty, ***but*** she has no common sense. (彼女はかわいいかもしれないが，でも常識がない) における相関的な "may 〜 but ..." の MAY も類似の用法である。ここで MAY を使うのも，"それはどちらでも構わない(が)" という意味合いの表現をしたいためである。

次に，MUST のコアと用法をみてみよう。

MUST のコアとその展開

> MUST のコア 〈強制力がはたらいて〜せざるを得ない〉

11 CAN, MAY, MUST, SHOULD と「法助動詞」   147

　　行為の遂行に強制力がはたらく
　　　　「～しなくてはならない」（義務）
　　　　「どうしても～したい」（願望・固執）
　　　　「どうしても～してもらいたい」（勧誘）
　　状況の判断に強制力がはたらく →「～に違いない」

MUST のコアは，「強制力がはたらいて～せざるを得ない」というものである。それが行為の遂行に作用すれば，「～しなくてはならない」という義務的な意味合いになり，状況の判断に作用すれば「～に違いない」という強い確信を伴う推量になる。すでにふれたとおり，MAY が複数の選択肢をもつ感じがするのに対して，MUST は他に選択肢がないという強制的なイメージを伴う。

　この「強制力」が行為の遂行に対して働けば，I *must* call her right now. (彼女に今すぐ電話をしなければならない) や Either you or she *must* go. (君か彼女のいずれかが行かなくちゃいけない) のように「義務・必要」を中心とした用法が生じてくる。対話的な文脈で種々のニュアンスをもち得るのは他の助動詞と同様である。たとえば，You *must* go and see his paintings; it gives you a lot of energy. (彼の絵をぜひ見に行ってもらいたい。うんとエネルギーをもらえるから) のように，「どうしても～してもらいたい」という「勧誘」となったり，I *must* ask you a couple of questions. (ぜひいくつかの質問をさせてもらいたい) で，「どうしても～したい」という強い「願望」を表したり，If you *must* insist, I'll compromise. (君がどうしてもと言うなら，僕は妥協しよう) で，「どうしても～」という「固執」を示したりできる。これらの用法も，対話的な文脈で自分または相手の行為に強制力の意味合いを加えようとする結果として生じてくるものである。

　この強制力が話し手の認識に作用すれば，「～と判断するほかない」といった意味合いになる。そこで，That *must* be true. (それは本当に違いない) や You *must* be kidding. (君は冗談を言っているに違

いない)のように，確信的な「推量」を示す用法になるのである。ここでも，MAY であれば"ほかに選択肢がある"という感じがあるのに対して，MUST は"ほかに選択肢はない"という意味合いになる。

コラム 「義務」に関連する表現

ここで，must との関連で，「義務」に関する意味合いをもつ助動詞（相当の表現）について比較しておこう。

must と have to

must は強制力がコアに含まれることから，「～しなければいけない」という話者の切迫した判断を示すのに対して，have to do は，to do が示す〈行為に向いて〉という状況を have しているという捉え方になり，そこから，「～することになっている」ということをより客観的な状況に基づいて述べる表現だと言える。

  I have — HAVE 空間に何かを有する
  to do go — これからなすべき行為

そこで，次のような使い分けができるようになる。まず，自分が食べておいしかったケーキを相手にもぜひ食べてほしいというときに，This cake is so delicious. You *must* eat it. (このケーキはとっても美味しい。是非たべてもらいたい) と言ったりする。ここでの must は話し手の主観に根差すもので客観的状況とは言えないから，have to に置き換えると不自然な感じがする。しかし，「君がよく知らないかもしれないので，伝えておかなくてはならない」などと言うときには，I *have to* tell you this, in case you don't know it well. が自然で，ここで must は違和感が生じる。それは，よく知っているかもしれないし，よく知らないかもしれないという両方の可能性を認めた上で，特に，よく知らない場合にそなえてというのであるから，そこには「他の選択肢がない」というニュアンスをもつ must がフィットしにくいからであ

る。逆に，have to であれば，そういう状況を考慮した上で，なさねばならないことに言及するという解釈が成立するためにより自然に感じられるのである (p. 53 の「HAVE のコアと構文ネットワーク」の項を参照)。

should と ought to, had better

should は，義務を示すにしても，常識や良識に照らして，「(まだしてないなら)そうすべきでしょう」という比較的穏やかな感じがあり，must が「(ほかに選択肢がないから)そうしなくてはならない」といった切迫した感じをもつのと趣を異にする。

should とほぼ同意とされる表現に ought to もある。が，ought to は「何かを(することが正当であるから)すべきだ」がコアであり，「(まだしてないから)すべきだ」といった意味合いをもつ should とは微妙な差がある。そこで，You *should* stop smoking. と言えば，「(まだそうしてないなら)すべきだ」といった意味合いで，するかしないかは本人次第といった感じの比較的穏やかなアドバイスになるのに対して，You *ought to* stop smoking. とすれば，「それが正当なことだからそうすべきだ」といったニュアンスで，should よりも幾分断定的な印象を与えるように思われる。

今ひとつ，「義務」に関連した表現に had better があるが，had のテンスからも分かるように仮想状況を想定する表現で，「～したほうがいい」という意味合いになる。そこには，「～しないとまずい」といった忠告・警告的な響きがあって，状況次第では脅しにもなる表現である。

上に記した互いに類似した表現を使って，たとえば，友人と喧嘩してしまったという人に対して，「君が謝るべきだ」といった内容のことを述べるという状況で，その意味合いを比較してみよう。

> You *have to* apologize.
> → to apologize (「謝る」という行為に向く状況)を have している；客観的に謝るべき状況にある
> You *must* apologize.
> → 謝る以外に選択肢はない；どうしても謝らないといけない

You *should* apologize.
→ まだ謝ってないなら謝るべきでしょう；君の判断に委ねるが
You *ought to* apologize.
→ こういう状況では君が謝ることが正当であるから，そうすべきだ
You *had better* apologize.
→ 謝ったほうがいい，そうしないとまずいことになるぞ

SHOULD

SHOULD は，助動詞の中でもその意味用法を統一的に把握するのが最も困難な項目の一つである。従来の辞書や文法書の記述内容からもこのことは容易に見てとれる。その主な理由として考えられるのは，if 節や that 節などで使う場合を含めて，SHOULD の用法が極めて幅広く，それらの各用法が意味的に分断された形で扱われる傾向があるためだと思われる。特に，条件節や that 節で使われる SHOULD について言えば，「義務」を示すとされる基本的な用法と全くかけ離れたものとして扱われる傾向があり，それぞれの構文でどうして SHOULD が使われるのかということも不明である。

従節で使う SHOULD の用法

ここで SHOULD の構文の幅を確認する意味で，特に従節で用いられる SHOULD の問題点をあげてみよう。

① If it *should* rain, I will stay.（万一雨がふれば，とどまりましょう）のように，未来のことを示す条件節内での用法がある。これは if 節内で were to do を用いる場合と同様に，「未来の仮定」の表現とみなされている。しかし，そもそもなぜ未来の仮想状況で SHOULD が使えるのか。また，「仮定法未来」という呼称はいかがなものか。

② Take an umbrella in case it *should* rain.（雨が降る場合にそなえて傘をもっていきなさい）のように，in case の節でも SHOULD が使われる。この用法にはどのような意味的な動機づけがあるのか。

③ It is strange that she *should* say something like that.（彼女がそのようなことを言うのはおかしい）などの用法は，「感情の should」と呼ばれたりする。では，この SHOULD はいわゆる喜怒哀楽などの感情全般をカバーできるのか。また，そもそも SHOULD に感情的な意味合いが生じていると感じられるのはなぜなのか。

④ I suggested that he (*should*) see the doctor.（彼に医者に行くように提案した）のように，要求・提案などを示す動詞に続く that 節内で should＋原形または単に原形を用いることがある。この２種類の表現形式にはそれぞれどのような意味的動機づけがあるのか。また，原形を使う場合を「仮定法現在」と呼んだりするが，それはどうか。

　上に挙げたのは SHOULD の用法のうち，that 節，if 節，in case 節などで用いる事例に絞ったものだが，ここからも十分に，助動詞 SHOULD の用法が多岐にわたり，これまでいかに錯綜とした説明がなされてきたということがみてとれる。そこで，助動詞 SHOULD について，その意味の本質を洗い直し，構文の形成においてもどのような役割を担っているのかを明らかにする必要がある。

SHALL と SHOULD

　SHOULD の本質を探るにあたってまず検討すべきは，SHALL とのつながりである。もともと SHOULD は SHALL の過去形である。たしかに，I *thought* that I *should* get well in a week.（１週間でよくなると思った）のような，いわゆる「時制の一致」で

should を使うのは今やまれである（一般に would で済ませる傾向がある）。そこで，問題とすべきなのは SHALL の過去形としての SHOULD ではなく，SHOULD 固有の用法ということになるのだが，それも元来は，仮想的な状況に言及する文脈で（テンスを過去にずらして）用いられていた SHOULD が定着するにつれて独自の用法が確立をみたとも考えられ，その意味でやはり SHALL を参照することは有意義なことであろうと思われる。

SHALL のコア

SHALL のコアは〈何かすることを負うているということを示す〉というものである。そのイメージを視覚的に示すと以下のようになる。

SHALL のコア の視覚的イメージ

何かをすることを負うている

SHALL の特性を浮き彫りにするには，WILL との対比で捉えてみるとよい。WILL は，「意志」に言及しようとするところにその基本的な特徴がある（第 II 部 12 章を参照）。これに対して SHALL は，内面の意志に直接的に言及するのではなく，むしろ，状況的に行為が要請されるといった感じになる。その根底には「義務・当然」という意味合いがあり，それが，「何かすることを負うている」という SHALL のコアにつながっている。

では，SHALL が示す「負うている」という負荷はどのようなものかと言えば，それは主語の立て方によって微妙に異なりがある。その観点で SHALL の用法をみれば，主に以下のタイプを認めることができる。

11 CAN, MAY, MUST, SHOULD と「法助動詞」   153

① ***Shall*** I/we ...? で，相手に対して「自分(たち)は〜することを負うていますか」と問いかけることで，(疑問文で)「〜しましょうか」「〜しませんか」という「提案・申し出」の意味合いになる。e.g. ***Shall*** we take a taxi? (タクシー乗りませんか)

② 「〜することを負うている」ということには，〈当然〜することになる〉ということが含意され，「〜すべし」「〜するものである」「〜することになっている」といった「規定」「当然・義務」などの意味合いが生じてくる。e.g. Members ***shall*** enter their names in the book provided. (会員は用意された名簿に名前を記入すること)

上記，二つの用法は，米英の別にかかわりなく一般に使われるもので，①は会話でよく用いられ，②は法律文書や規約などによくみられる文体である。

これらの用法ほど一般的ではないが，主にイギリス用法として，以下の二つがあげられる。

③ 〈ある状況を負うことになる〉ということから，「〜することになるでしょう」という「予測・予言」の意味合いが生じる。e.g. We ***shall*** die someday. (われわれは皆いつかは死ぬ)

④ 「主語(=話し手)が〜することを負うている」ということから，主語=話し手の「決意・意志」を示して，「〜しよう」「きっと〜するでしょう」という意味合いになる。e.g. I ***shall*** never forget your kindness. (あなたの親切は決して忘れないでしょう)

④について補足すると，「決意・意志」については，たしかに，I ***shall*** write you in a week. (1週間後に手紙を書きましょう) や I ***shall*** be back by 6:30. (6時半までには戻ります) のように，1人称

主語では WILL と似通った感じがする。しかし，このような場合も，WILL が主語の内なる意志を前面に出すのとは違って，SHALL を使うと〈〜することを負うている〉ということから状況的になすべくしてなすといったニュアンスが感じられる。そこには，SHALL に特有の外側からかかる負荷のようなものが感じられるのである。

　いずれにせよ，これらの用例を通じて感じとれるのは，SHALL の用法全般に，〈〜することを負う〉というコアが生きているということである。そして，この SHALL が SHOULD のコアとつながっているのである。

SHOULD のコアとその展開

　上にみた「何かをすることを負うている」をコアとする SHALL の過去形から生じたのが SHOULD である。そこで「何かをすることを負うていた」を経て，SHOULD のコアである「当然〜なされているはずなのに，いまだなされていない」が自然と導き出されることになる。

　そして，SHOULD は，話し手が「何か」の達成を積極的に想定するか否かでその用法に広がりが生じてくる。その事柄の達成が積極的に想定される場合には，「提案・助言」「義務」「必要」「推量」等の用法が生じ，それが積極的に想定されない場合には「万一」「用心」「意外性」などの用法が得られる。

> SHOULD のコア：「あることをするのが当然だが，いまだなされていない」
> ●話し手が「あること」の達成を積極的に想定する場合
> 　→「提案・助言」「義務」「必要」「推量」
> ●話し手が「あること」の達成を積極的に想定しない場合
> 　→「万一」「用心」「意外性」

　一般に，SHOULD は，「〜するべき」という訳語で把握される傾向があるが，その訳語に頼るだけでは，SHOULD のもつ柔軟な

用法の広がりを把握することはできないし、MUST などの義務系の助動詞との差別化もはかり難い。そこで、コアをしっかりふまえて SHOULD の用法をとらえる必要がある。

「提案・助言」「義務」の SHOULD

まず、話し手があることの達成を積極的に想定する場合の用法として、You *should* see a doctor.（お医者さんに見てもらいに行ったほうがいいよ）などがある。この SHOULD は、対話的状況で提案や助言を行う際によく使われる。「〜したほうがいいよ」というくらいの穏やかな提案である。MUST は〈強制力〉をコアに含むので、「〜しないわけにはいかない」というふうに行為の遂行を強く迫る感じがするのに対して、SHOULD は〈〜することが当然なのに、いまだなされていない〉がコアであるために、「まだしてないのなら、そうしたら」といった感じのどちらかというと穏やかな表現になる。

You *should* keep your promise.（約束は守るべきだ）のように、ふつうはそうすべきだという「義務」を示す用法もある。これは道義や常識に照らして、当然そうしてしかるべきだというような文脈における SHOULD の使い方である。You *should* be kind to the elderly.（年配の方には親切にするべきだ）、You *should* pay taxes as a citizen.（市民として税金を払うべきだ）なども同様である。これらは、個別具体的な文脈というよりも、常識的に一般論として成立する傾向がある。

that 節で未然の行為を促す SHOULD

SHOULD には、「要求」「命令」「提案」などを表す動詞の後の that 節内で、「〜する必要がある」とういう意味合いで使われるものがある。I demanded that he *should* tell her the truth.（私は彼が彼女に事実を言うように要求した）は、その例である。この SHOULD は主に英用法であり、米用法を含めてより一般的には、

I demanded that he *tell* her the truth. のように SHOULD なしで原形を使う。

ここで生じる問いは以下のようなものである。この 2 種類の形式 (he should tell her the truth と he tell her the truth) の意味的動機づけはそれぞれどのようなものなのか。SHOULD なしで動詞の原形を使う米語法は、単に表現の簡略化を求める結果なのか。原形をとることにそれなりの意味はないのか。また、この原形を仮定法の「現在」と呼ぶことに問題はないのか。

ここで、まず指摘しておきたいのは、この構文を可能にする主節の動詞は、ある一定の意味タイプに収まる傾向があるということである。「要求」「提案」「必要」「願望」などは、その共通の意味性質として、未然の行為を必要とみなして促す、つまり、〈まだやっていないことをやれ〉というメッセージを含むものである。実際には、動詞だけではなく形容詞や名詞でも、同様の意味を担っていれば、後続の that 節で同じ形式を使うことができる。その動詞・形容詞・名詞にはおよそ以下のようなものがある。

後続の that 節で SHOULD (または動詞の原形)を用いる表現

動詞: ask, advise, command, decide, demand, desire, direct, order, propose, recommend, request, etc.

形容詞: advisable, crucial, desirable, important, necessary, urgent, vital, etc.

名詞: advice, command, decision, demand, desire, direction, insistence, order, proposal, recommendation, request, requirement, suggestion, etc.

上記の類の語句に続く that 節で使われる SHOULD には、やはりある種の義務的なニュアンスが含まれている。SHALL のところでみた、行為の遂行に向かうべき状況的な負荷のようなものが感じ

られる。たとえば，She insisted that her husband *should* quit smoking.（彼女は夫にタバコをやめるようにと言ってゆずらなかった）や I suggested that she *should* see the doctor.（私は彼女に医者に行くようにすすめた），They proposed that the meeting *should* be postponed.（彼らは会議の延期を提案した）などのいずれにも共通しているのは，主節の主語の要求や提案が，直接 that 節の主語（人）に対して向けられるのではなく，that 節の内容（命題）に言及していることから，やや間接的な形で行為の遂行が促されるように感じられるということである。この解釈は，主動詞と従節の主語が接続詞 that で仕切られているという語句の並び方を，その形態的な根拠とみなすことができる。このように，いわば状況的な負荷をほのめかすことで主語のなすべきことを示し，その行為の実現が必要だという状況を語る，これはまさに SHOULD のコアに見合った用法である。

コラム　命令法の応用としての原形

　主として米語法では，should を使わずに，She insisted that her husband *quit* smoking. のように原形を用いて表現される。これは，「仮定法現在」と呼ばれることがあるが，原形は現在形とは活用形が異なるのだから，この呼び方は不正確である。その点，God *bless* you.（諸君に神の祝福あらんことを）などにおいても同様の指摘が成り立つ。この文の動詞も原形であって現在形ではない。やはり，「仮定法現在」と呼ぶのは無理がある。むしろ，これらの原形は，命令法の応用とみなすほうが妥当ではないだろうか。要求，提案，必要，妥当などで表される事柄は，その行為遂行を命じられるのが自然な内容である。たしかに，命令法は一般に，2 人称主語の場合に限るとされている。が，God *bless* you. は，may を省略して祈願を示すと解釈するよりも，本来 2 人称であるはずのところに，神を主語としてたてて，「祝福せよ」と行為を呼びかける，つまり，命令法を応用しているとみなせるので

ある。

　これと同様のことが that 節内で起こることがあると考えられるのではないか。そして、そのように考えれば、should を使う場合と原形を使う場合の動機づけについても明確になる。未然の行為の遂行を求める表現に続く that 節では、行為の遂行を「必要」とみなす意味で should を用いることができる。または、そのかわりに、that 節の主語に対して行為の遂行を呼びかける意味で、命令法を応用して原形を用いることができるのである。

「推量」の SHOULD

　He *should* be over 40.（彼は 40 を越えているはずだ）は、He is over 40. という事柄について、「当然そうあってしかるべきだ」という意味合いの推量を示す用法である。ここでは、「彼は（これから）40 歳を越えるべきだ」という解釈は、常識的に排除されることになる。年齢は自分の意志ではいかんともし難いことから、この SHOULD は行為の遂行より状況の認識に焦点が置かれているということが分かるからである。しかし、ここで He *must* be over 40. と言えば、判断に〈強制力〉が作用して、「〜に違いない」という断定的な推量となるのに対して、SHOULD を使うと、そのコアを反映して、「そうでないよりもそうであるほうが理にかなう」といった感じの推量になる。

　以下の対話に出てくる SHOULD も推量の用法の例である。

　　A: Are we almost there?（もうそろそろ着く？）
　　B: Not yet. But we *should* be arriving there in ten minutes.（まだだよ。でも、あと 10 分で着いているはずだよ）

ここでも「（これから）〜すべきだ」という解釈が常識的に排除されて、状況的に「そうであるはずだ」という具合に理解される。ここで SHOULD の代わりに MUST を使うと違和感が生じる。これは

MUST は「強制力」をもとに確信的な推量に使われるために、不確定な要素の残る未来の事柄にはふつう使われないためである。明日雨が降るかもしれないというのを、It *may* rain tomorrow. とするのは可能だし、It *should* rain tomorrow. として、「降るはずだ」と推量することもできるが、must は相性が合わないのである。

ここまでは、あることの達成が積極的に想定される SHOULD の用法をみてきた。以下、あることの達成が積極的に想定されない場合の SHOULD の用法をみてみよう。

条件節で用いる SHOULD

If there *should* be a problem, please let me know. (もし問題が生じてしまったら、知らせてください) や、If you *should* change your mind, call me. (もし気が変ってしまったら電話して) は、if 節内で SHOULD を用いて、未来の仮定を述べる構文である。「もし、あることが(まだ起こっていないが)、起こるべくして起こるならば」といった意味合いになる SHOULD であるが、このような解釈は if 節内であるからこそ生じるものである。また、この構文は、主節で命令文がよく使われるという特徴がある。さらに、***Should*** there be any problem, please let me know. や ***Should*** you change your mind, call me. のように、慣用的に条件節を倒置にして if を使わないことがよくある。

一般に、if ... should と if ... were to do を未来の仮定を表す表現として対等に扱う傾向がみられるが、その点は留意が必要である。if 節で were to do を使う場合も、形としては過去形を用いるのだから仮定法過去の一種とみなすのが自然である。もともと、be to do は to do が示す〈行為に向いて〉という意味合いの未来指向の表現で、これを仮定法にして〈仮にある行為に向くとしたら...〉という文脈に応用したものである。用例でみると、were to do はあくまで、If I *were to* join you, what would you think? (仮に私が参加したら、どう思いますか) や If the sun *were to* rise in the west, I would never change my mind.（仮に太陽が西から昇っても私の気持ちは変わらないでしょう）のように，身近なことであれ突飛なことであれ，理論上の仮想状況の設定（シミュレーション）としてであればこの表現を使うことができる。

　一方，条件節で SHOULD を用いる場合は，〈そうなるべくしてなるという場合には...〉という意味合いで，未然の事態を想定する表現になる。そして，***Should*** there be a problem, please don't hesitate to call me. のように，主節で命令文を使うことが多い。命令文を使えるといったことから判断しても，if ... should は実現の可能性がある事柄を想定する際にも使われる慣用的な構文の一種とみなせるだろう。また，そのことの傍証として，帰結節においては will がよく使われるが would はまれであるということもあげられる。

「用心」の SHOULD

　この if ... should によく似ている用法として，in case の節で用いる SHOULD の用法がある。Take an umbrella in case it ***should*** rain.（雨が降る場合にそなえて傘を持って行きなさい）などがその例である。これは，「（まだそうなっていないが）そうなるべくしてなるという場合にそなえて」といった「用心」の意味合いを反映して，in case の節で使う SHOULD の用法である。ちなみに，in case は，ある種の条件節を導く接続詞とみなせるが，「〜する場合には」と捉えれば Please don't wait in case I'm late.（私が遅れる場合は待たないでください）のように，if に近い単なる「条件」となり，「〜する場合にそなえて」と捉えれば上に示した例のように「用心」を示すという具合に理解することができる。

「意外性」の SHOULD

　一般に「感情の should」と言われる SHOULD の用法をつぶさに観察してみると，実際には，*It's a pity* that you ***should*** trust him more than me. (君が僕より彼のことを信頼しているというのは遺憾なことだ) や It is surprising that he *should* have been so rude to her. (彼が彼女にそれほど無礼な態度をとってきたとは驚きだ) のように，「驚き」や「遺憾」の念を示す表現に集中しており，感情といってもいわゆる喜怒哀楽などの感情全般をカバーするわけではないことがわかる。この文脈で SHOULD が使われるのは，そこから意外性の意味を汲み取って，that 節内の事柄に心理的に待ったをかけるような構文を作るためである。「そんなことが起こるはずがあろうか」といったニュアンスが SHOULD のコアとかみ合うために生じる用法であろうと思われる。そこで，この構文については，「感情」という漠然とした表現で SHOULD の意味把握を曖昧にすることを避けて，「意外性」の用法として捉えるとよい。これと近いところに位置づけられるのが，"Where is my wallet?" "How *should* I know?" (「私の財布はどこ」「どうして私が知っているはずがありますか」) や Why *should* I listen to your advice? (いったいなんで君の忠告に耳を傾けなきゃいけないんだ) などの，疑問詞を伴う反語的な用法である。これも，「まだそうしてないが，いったいなぜそんなことがなされて当然と言えるのか」という具合に SHOULD のコアから理解することが可能である。

should have done の用法

should have done (過去分詞) についてもふれておこう。助動詞の直後には原形がくるため，動詞の現在形や過去形をそのまま使うことはできない。そこで，You are careful. (あなたは注意深い) という命題に対して話し手が SHOULD を判断として加えれば，You *should be* careful. (注意深くなるべきだ) となる。これと同様に，You were careful. (あなたは注意深かった) という過去テンスの命題が前提にあって，それに SHOULD という判断を加える場合には，You *should have been* careful. (注意深くするべきだったのに) となるという具合に理解できる。このとき，have been とは「すで

に be である状況を完了している」ということを示す。それに SHOULD のコアをあてはめると、「すでに be である状況を完了していて当然なのに、(まだ)そうしていない」となって、一般に、「～べきだったのに」という後悔や非難のニュアンスを含む解釈が得られるのである。

should have done の解釈の幅

should have done には、「～すべきだった(のに)(しなかった)」だけでなく、「(今頃)～しているはずだ」という解釈もある。I *should have written* to you much earlier.(もっと早くお便りすべきでしたのに)が前者の例で、これは、通例1人称主語で「後悔」、2・3人称主語で「非難」を表すとされる。これと同類の用法とみなせるのが、You *ought to have known* her better.(あなたは彼女のことをもっとよく知っておくべきだったのに)や I *need not have got* up so early.(あんなに早く起きなくてもよかったのに)などである。

後悔・非難という表現からもわかるように、これは、過去の仮想状況に言及する表現であり、その意味で would have done, could have done, might have done などと同様、仮定法過去完了の表現の一種とみなすことができる。また、そうとらえて見直してみると、意味的な類似性があることにも気がつく。実際に、He *could have told* me that he was coming to visit.(彼も来るなら来ると知らせてくれればよかったのに)や You *might have come* much earlier.(もっと早く来てくれてもよかったのに)も、過去の仮想状況にふれながら遠まわしの非難を示すものであり、should have done と類似した機能があることが確認できる。

完了した事柄についての推量を示す should have done

should have done の今ひとつの用法として、She *should have got* there by now because she took the first train.(彼女は始発に乗ったのだから、もう今頃そこについているはずだ)のように、すでに

完了している事態に対する現時点における推量を示す用法がある。すでになされたことへの推量を示すという点では，may have done, must have done, cannot have done などの推量の用法と同様に直説法の表現であることがわかる。ただし，should have done は上の例のように，概して by now などを伴って，現在完了で示されるような事態を推量するという傾向が強い。

しかし，Applicants *should have graduated* from high school. (応募者は高校を卒業している必要がある) のように，ごくふつうにあることがらが完了していることの必要性を指摘する should have done もある。これも，「〜するのは当然だが，まだなされていない」というコアから判断できる。ここでは事柄がなされていることを前提にしているが，それは SHOULD が完了形と合成されているためであるに過ぎない。

12 WILL と「未来の表現」

 これまで，WILL には「意志未来」と「単純未来」の二つの用法があるとされてきた。それぞれの例として，I *will* do it.（私がそれをやりましょう），It *will* rain this afternoon.（今日の午後雨が降るでしょう）などがあげられる。この用例の立て分けの根拠となっているのは，前者が意志に言及しているのに対して，後者にはその意味合いが含まれないということであろうと思われる。

 しかし，「意志未来」というときの意志は，はたしてそれ自体が未来に属するものなのか，それとも現時点における意志が未来を指向するということなのか曖昧である。また，「単純未来」というときの「単純」が何を意味するのか判然としない。意志を含まぬ未来を「単純未来」と呼ぶのだと主張するのであれば，「明日は日曜だ」というときになぜ WILL を使わずに Tomorrow is Sunday. と言うのか説明がつかない。

 このように少し冷静に考えてみれば，「意志未来」と「単純未来」という用語に基づく WILL の説明には，看過し難い問題がはらまれているということに気がつく。これまでの説明の仕方では，そのほかにもさまざまな「例外」を生んでしまい，WILL の意味世界を実際よりはるかに錯綜としたものにしてしまっているように思われる。さらに，従来の説明の仕方の必然的帰結として，「WILL＝未来」という誤まった図式を刷り込むことになり，それが英語の時制（p. 30「テンスとアスペクト」の項を参照）についての正確な理解を阻害している可能性さえある。今ここで，改めて，従来の WILL の説明ではクリアできないと思われる主な現象を指摘しておこう。

① 「明日は日曜だ」は，未来のことを述べるのに，Tomorrow *is* Sunday. とするのが自然で，Tomorrow will be Sunday. とすると違和感が生じるのはなぜか。

② What happened to this window? It *won't* open. (この窓はどうしたんだろう。どうしても開かない) は，例外的に現在の文脈で「拒絶」を示すとされるが，なぜ，未来ではなく現在のことを表すのか。

③ Accidents *will* happen. (事故は起きるものです) などでは，「習性・傾向」を示すとされるが，なぜ，未来ではなく習慣的な現在として捉えられるのか。

④ A: How much do I owe you? B: That *will* be twenty dollars. (A: お支払いはいくらでしょうか。B: 20ドルですね) では，現時点でのやり取りであるにもかかわらずWILLを使っている。「単純未来」または「意志未来」のいずれから解釈しても，この用例を自然に理解することはできない。

⑤ She *will* have arrived at Kobe at noon. (彼女は正午には神戸に着いているでしょう) はふつう未来における完了を示すが，She *will* have arrived at Kobe *by now*. (彼女は今頃神戸に着いているでしょう) とすると現時点における推量となる。後者では，will have arrived がいわば現在完了の推量となっているのだが，なぜそのような用法が可能となるのか。

⑥ You'll be scolded if you skip class. (授業をサボるとしかられるよ) では条件の副詞節でWILLが使えないとされる。I'll be glad if you *will* help me. では，同じ条件節でもWILLを使っても支障がないのはなぜか。

これらがWILLの問題のすべてを網羅するものではないが，従来のWILLの記述説明がいかに徹底を欠いていたかということを示

すには十分であろうと思われる。

WILL のコア

これに対して、レキシカル・グラマーでは、以下のように WILL のコアを分析することによって、その用例全般を矛盾なくカバーできるようになる。

> WILL のコア 〈何かをする意志が（今）ある〉

WILL の核となるのは、「(現在の)意志」である。このことは、She *wills* to stay young forever.（彼女は若さをずっと保ちたいと願っている）にみられるように、WILL は元来、何かを「意図する」という意味の本動詞であったこと、また、Where there is a *will*, there is a way.（意志があるところに道がある）にみられるように、名詞としても「意志」を示すことととも一貫する。

「WILL＝未来」が正しくない理由

「WILL＝未来」という考え方は二つの理由で正しくない。第一に、未来の事柄に言及する際には、We *are leaving* for Malaysia tomorrow.（私たちは明日マレーシアに向けて出発する）や How *are you going to* solve the problem?（どのようにその問題を解決するのですか）のように、WILL を使わない場合が多くあるからだ。be doing や be going to do のほかにも、be (about) to do や be likely to do なども使えるし、intend to do や want to do などでも未来の事柄に言及することができるのである。たとえば、I *want to* sail around the world someday.（いつか世界中を航海して回りたい）が未来に言及していることは疑いようがない。要するに、

WILL が未来の事柄に言及できるとしても，それは数ある表現の可能性の中の一つに過ぎないのである。

テンスとの関連で言えば，WILL は現在形（WOULD はその過去形）である以上，「未来形」「未来時制」といった表現が不正確であることも明らかである。英語では，現在のテンスを使って未来の事柄を想定するという捉え方が正しいのである。

「WILL＝未来」が正しくない第二の理由は，WILL は「(現在の)意志」を反映して，現在に言及する用法が多くあるということである。そもそも，*Will* you ...? が「依頼」や「勧誘」を意味し得るのも，相手の(現在の)意志を問うからであるし，The door *won't* open. が「拒絶」となるのも，「ドアが(今)開いてくれない」と解釈されるためである。また，If he is not at home, he*'ll* be in the library.（もし彼が家にいなければ図書館にいるでしょう）は「現時点における推量」であるが，それも「現在の意志」からの展開と考えれば説明がつきやすいはずである。WILL が未来を示すと短絡してしまうと，このような自然な理解が得られなくなってしまうのである。

WILL の意味展開：「意志」〜「推量」

WILL の意味用法は，「(現在の)意志」を基にして「推量」へと展開する。その展開を大づかみに追えば，まず，自分（第1人称）の意志は表明することができ，相手（第2人称）の意志は問うことができるか，または，促すことができる。しかし，第三者の意志の有無は推測するほかなく，そこから「〜する(意志がある)だろう」という「意志の推量」の用法が生じる。さらに意志の意味合いが薄れると，「〜するだろう」という「推量」が前面に出てくるという具合である。以上の展開をまとめて，それぞれに例文を加えて示すと，以下のようになる。

WILL の意味展開:「意志」〜「推量」

(1) 意志の表明（1人称主語）:「〜する意志がある」
   e.g. I *will* help you.（手伝いましょう）
(2) 意志を問う・促す（2人称主語）:
   「〜する意志がありますか」→「〜しませんか」（勧誘）
     e.g. *Will* you have some more coffee?
       →「〜してくれませんか」（依頼）
     e.g. *Will* you do me a favor?
   「〜する意志がありますね」（命令調）
     e.g. You *will* do as I tell you.
(3) 意志の推量（3人称主語）:「〜する（意志がある）だろう」
   e.g. He *will* come.
(4) 推量（人称に関わりなく）:「〜するだろう」
   e.g. It *will* rain.
     I *will* feel fine tomorrow.

　対話的な文脈で使われる機能表現について分析してみると、「相手（2人称）の意志を問う」というところから、*Will* you 〜? の疑問文で「〜しませんか」（勧誘）と「〜してくれませんか」（依頼）が得られるのに加えて、You *will* 〜 と肯定文で用いれば「〜する意志がありますね」という具合に、相手に同意を求めるようにしてプレッシャーをかけることができ、そこに軽い「命令（調）」の表現が生まれる。

　上記の意味展開の (1)〜(4) に示されるように、WILL の用法は「意志」から「推量」への展開で把握できるのだが、ここで大切なのは、WILL は無条件で未来を表すのではなく、まず現在の意志があって、そこから推量の意味合いが生じてくるということである。WILL が未来を示すということを自明の前提としてしまうと、現時点における意志や推量を示す多くの用例が特殊な例外となってしまう。逆に、WILL を現時点における「意志」、さらにそこから展

開する「推量」と捉えれば，これまで例外とされていたものも，実に自然な使い方をしているということが理解されるのである。その点を，冒頭 (p. 165) にあげた例に戻って確認してみよう。

WILL の不確定性

①の「明日は日曜だ」で Tomorrow *is* Sunday. とするのは，未来のことといっても推量の余地がない確実なこととして捉えているために，WILL を使わずに現在形で表しているのである。逆に言うと，WILL を使うと「明日は日曜だとは言い切れない」という意味合いが生じるということで，仮に自分の曜日感覚が曖昧で確信がもてないといった状況設定であれば，Tomorrow *will* be Sunday.（明日は日曜でしょう）も容認される度合いが高まるだろう。つまり，WILL の使用は「不確定性」が前提となるのであって，単に時間的に未来に属するか否かが決定要因なのではないということである。「不確定性」とは，WILL が本来，現時点の意志を示すということから必然的に導き出せるものである。現時点において意志があるということから，その行為の実現を予想することはできても，それが絶対に確実なこととはいえないからである。

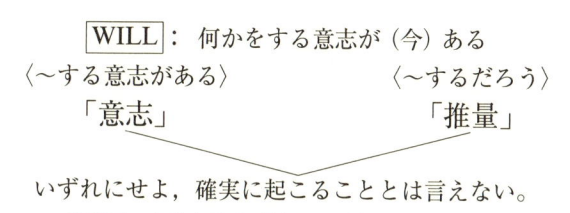

$\boxed{\text{WILL}}$：何かをする意志が（今）ある
〈～する意志がある〉　　　　　〈～するだろう〉
　「意志」　　　　　　　　　　　「推量」

　いずれにせよ，確実に起こることとは言えない。
　⇒ WILL は確定的な事柄には使われない。

それゆえ，逆に He *will* be 20 next month.（彼は来月二十歳になる）では，will be を is とすると違和感が生じてしまうのである。これは，人生には不確実な要素があって，その点，確実に進行していく月日の流れとは性格が異なるということを，無意識ながら差異化してコトバに反映させているということである。

以上の考察からも，WILL には「単純未来」などと呼べる用法は存在しないことが明らかであり，それは「推量」と呼ぶべきものであることがわかる。未来の事柄を語る場合，推量の余地があれば WILL を使い，推量の余地のない確実な事柄には助動詞を伴わない現在時制を使うのである。

擬人的な意志を表す WILL

　②の What happened to this window? It *won't* open. は，現時点において，窓が開こうとしない，開いてくれないというように，窓を人に見立てて，その意志を否定的に示した「拒絶」の用法として把握できる。③の Accidents *will* happen. もこれと類似した用例で，無生物が有する本来の「傾向・性能」を「意志」のごとく示しているという具合に理解することができるのである。

「推量」の WILL

　④の A: How much do I owe you? B: That *will* be twenty dollars. では，単に is を使って事実として断定的に言うとぶっきらぼうな印象を与えるかもしれないというような状況で，WILL を使って推量の余地を残し，その間接的な表現によって相手への気遣い（丁寧さ）を示していると捉えることができる。ホテルのフロントで Check-out time *will* be 11:00 AM. という表現がなされたりするのも，現在・単純形で示せば端的に事実を述べる感じがするところで，WILL を使って断定を控えることによってある種の丁寧さを表していると捉えることができる。

　⑤の She *will* have arrived at Kobe by now. では，by now という副詞句から明らかに現在の状況を推量していることがわかるから，「今ごろ～でしょう」というように，いわば，現在・完了に推量の WILL を足した解釈がなされる。by now が tomorrow などであれば，未来における完了を示す表現となる。そこで語られる内容は現在と未来の違いがあるとはいえ，どちらも推量を現時点で

行っているのは同じなのである。

時・条件の副詞節

⑥の You'll be scolded if you *skip* class. における条件節でWILLが使えないのは，そうすると条件の部分が「授業をさぼるつもり（予定）なら」となって，意味的に通らなくなってしまうからだ。つまり，条件節にWILLがあると行為の実現ではなくその前段階の意志や予定（推量）になってしまって，まっとうな条件として成立しなくなってしまうのだ。Let's go when you *are* ready.（準備ができたら行きましょう）などの時の副詞節も同様である。ここでwill be とすると，意志や予定がある段階で（実際には準備ができていなくても）出発しよう，ということになってしまう。

これらに対して，I'll be glad if you *will* help me. では，同じ条件節でもWILLを使って支障がないのは，この場合，あくまでも相手の意志を問題とすることが状況に適すためである。実際に，この例も実質的には，*Will* you help me? / Help me, *will* you? / *Will* you help me, *won't* you?（手伝ってもらえませんか）などの相手の意志を問う（または促す）用法の応用とみなせるのである。それ以外の場合，たとえば，I will stay at home if it *rains* tomorrow. などは，条件節で意志は問題とならないので，WILLを使うことも原理的にないのである。

未来表現の使い分け

これまで，WILLの複数の用法をコアから統一的に理解するという方向で論じてきた。が，レキシカル・グラマーの強みは，同一語彙項目の多様な用法を一貫した形で理解することにとどまらない。それのみならず，類義の構文との差別化も図りやすくなるということも挙げられる。後者のメリットについて，以下，WILLと類義の未来表現のネットワークを通じてみてみよう。たとえば，will do を be going to do, be doing, 現在・単純形，will＋進行

形などと比較すると，以下のような特徴を指摘できる。

 will do: 発話時点での意志や推量を表す
  （電話が鳴っているのを聞いて）I**'ll** get it.（私が出ましょう）
 be going to do: 以前から予定されていた行為に向かっている最中であることを表す
  （雨が降りそうな空を見て）It**'s going to** rain.（雨が降り出しそうだ）
 be doing: （未来の副詞とともに用いて）動作進行の状態を心理的に先取りしてイメージする表現
  （パーティーを楽しみにしていて）
  We**'re having** a party tonight.（今晩パーティーなの）
 do / does［現在・単純形］：（未来の副詞とともに用いて）起こることを確実視していることを表す
  （バスの時刻表を見て）
  The bus ***comes*** at 3:30.（バスは3時半に来る）
 will＋進行形： 未来の時点における動作進行の状態を想定した表現
  I ***will be having*** a party tonight.
  （今晩はパーティーをしているでしょう）

　使い分けのポイントとしては，たとえば，be going to do は，be going〈進んでいる最中〉に to do〈行為と向き合う〉を合成することで〈ある行為に向かいつつある〉という意味合いになるため，今より以前の兆候を参照するようなニュアンスがある。will do が現時点の意志から展開するために，推量の用法でも今より以後しか問題にならないのと対照的である。このような使い分けの知識を言語使用の場面で生かすために，たとえば，以下のような課題を与えることもできる。

「未来表現の使い分け」の練習問題
◆次の状況でより適切な表現を選びなさい。

1. カレンダーで日付を確認して,「明日は日曜だ」と言う場合。
   a. Tomorrow is Sunday.
   b. Tomorrow will be Sunday.
2. スケジュール帳を見て,「週末は忙しくなりそうだ」と言う場合。
   a. I'll be busy this weekend.
   b. I'm going to be busy this weekend.
3. 友達に頼みごとを言われて,「いいですよ」と言う場合。
   a. OK. I'll do it.   b. OK. I'm going to do it.

このような使い分けの訓練も, 未来に関する個々の表現の本質がいかなるものかを明確にしてこそ可能となるものである。ここで, WILL のポイントを確認すると, まず「単純未来」などと呼べる用法は存在せず, それは「推量」とみなすべきである。また,「意志未来」とされてきたものは, 単に「意志」と捉えるべきであり, そこには現在を指向する (未来を指向しない) 意志の表明も含まれる。I *will* do it tomorrow. (明日それをしましょう) といえば, たしかに未来へ向けての意志の表明だが, 単に I *will* do it. (それをしましょう) であれば, それは未来を指向しない現在の意志の表明とみなすべきである。それと同様のことが推量の用法にも言える。現時点における推量が, 現在を指向することもあれば未来を指向することもあるのである。「WILL = 未来」という考え方だと, 現在を指向する用法がすべて例外になってしまうのである。

最後に, WILL の用法が「意志」から「推量」へと展開するという分析の正しさを裏づけるものとして, すでに見た法助動詞のはたらきがあげられる。法助動詞には, 話し手の判断を示すはたらきがあり, その主な用法は, 状況認識に関する推量を述べたり, 対話的状況で行為意図に言及するというものであった。この「行為の意図」と「状況の認識」の二つの系統に, WILL の「意志」と「推量」の両極がそれぞれ当たるのである。

13　WOULD, USED TO と「過去の習慣」

　過去の習慣を表すとされる助動詞に would と used to がある。両者の違いとして，状態動詞とともに使えるか否かという点が指摘されるものの，その相違がなぜ生じるかという説明はなされていないように思われる。そこで，レキシカル・グラマーの視点から，will の過去形として would のコア分析を施しつつ，used to との差別化を図るという形で両者を比較してみたい。そうすることによって，従来は曖昧であった両者の差異が明確に見えてくるはずである。

WILL の過去形としての WOULD
　will のコアが「ある行為に向かう意志が（今）ある」というもので，「意志」と「推量」の用法が主なものであるということはすでにみたとおりである。will が，現在における意志・推量を示すとすれば，その過去形である would は，過去における意志・推量を示すということになるはずである。

　実際に，would には過去の「意志」「推量」に関する用法がある。would の意志から展開するのが，「過去の習慣」と「拒絶」の用法であり，推量として位置づけられるのが「過去からみた未来」などの用法である。しかし，それだけでなく，would にはあえて現在の文脈で使う用法もある。現在の文脈で過去形を用いるということから，一歩下がって仮想状況を設定する用法にもつながる。あるいは，一歩下がって「丁寧」な表現をしたり，控えめな推量に基づく「婉曲」な表現をしたりするのにも応用される。

「過去の習慣」の WOULD

まず，As a child I *would* often swim in this river. (子供のころよくこの川で泳いだものだった) というのは，「〜しようとしたものだった」という具合に，過去において意志を抱いてよくその行為に及んだということを示す表現である。過去の習慣に言及する would については，他の用法と切り離して独立した扱いをすることが多い。しかし，これも will に対応表現がある。たとえば，Whenever Tim was angry, he *would* eat a lot. (ティムは腹が立つといつもたくさん食べたものだった) や As a student I *would* often stay up all night. (学生の頃，よく徹夜したものだった) などが「〜したものだった」と解釈されるのは，He *will* always show off his intelligence. (彼はいつも自分の知性をひけらかす) や Frank *will* often complain of his boss. (フランクは彼の上司のことでよく不平をもらす) などが (未来ではなく) 現在の習慣を示すということとつながっている。would が過去の習慣になるのは，実は will が現在の習慣を示せるからなのである。しかしここで大切なのは，will や would が習慣を表すといっても，これらの助動詞が直接的に行動を示すというより，むしろ「〜しようとする[したものだ]」という「意志」を含意した使い方になっているということである。

ところで，There *used to* be a store across the street. (道の向こうにはかつて店があった)，He *used to* be a teacher. (彼はかつて教師をしていた) などの例では，used to を would で置き換えることはできない。一般に，この would は状態動詞とともに使うことができないと言われるが，それはなぜなのか。

この点も，would に「意志」という意味を見いだすことによってはじめて把握できるようになる。習慣を示すとされる would には，過去における意志が含意されるのに対して，used to は，意志に関わりなく現在との対比で過去の定常化した状況を示すのみである。この違いから，一般に，意志のはたらきを必要とせずに一定の状態を示す状態動詞は，used to とは噛み合っても would とは相性が

悪くなるのである。ゆえに、There *used to* be a store across the street. で used to の代わりに would を使うことはできないのである。

また、意志のはたらきということから、多少のゆらぎがあっても不自然ではないので、would は As a child she *would* sometimes play with us. (子供の頃、彼女はときどきわれわれと遊んだ) にみられるように、sometimes, often など不規則性を示す頻度の副詞を伴うことがある。used to が慣れきった一定の状況を示すために、She *used to* play with us once a week. (以前、彼女は週に一度われわれと遊んでいた) のように、もっぱら規則 [周期] 的な頻度の表現しか受け入れないのと対照的である。

used to は、「使い習わされた」といった意味合いから、習慣的にある一定の状態を示す文脈で使われるようになったと考えられる。そこで、used to は客観的に判断がつくレベルで、現在との対比で過去の状況に言及することになる。だから、He *used to* smoke a lot. (彼はかつてタバコをよくすっていた) といえば、もはやタバコをすっていないということになるし、There *used to* be a pond here. (かつてここには池があった) といえば、今はもう池はないという意味合いになるのである。

「拒絶」「過去からの推量」の WOULD

「過去の習慣」に加えて、would には、She *would* never listen to other people's advice. (彼女は決して他の人の忠告に耳を傾けようとしなかった) のように、いわゆる「拒絶」を示す用法がある。これは、過去のある時点において、「何かをする意志がなかった」という意味合いである。「過去の習慣」や「拒絶」は、過去の「意志」を示す用法として位置づけられるが、これらに加えて、would には過去の「推量」にあたる用法もある。I thought it *would* start raining. (雨が降り始めると思った) などがそれだが、これは「過去からみた未来」への推量を表す would の用法である。

仮想状況における WOULD

will に対応表現をもつ would の用法は，いわゆる直説法の過去の用法として一括できる。それ以外の用法が，仮想状況で用いる would にあたる。こちらの用法は形式と意味のあいだにズレが生じる点に特徴がある。特に，仮想状況を受けての帰結（結論）である場合に，仮定法過去や仮定法過去完了の構文とみなされる。

仮定法の典型的なパターンとしては，You *would* have better grades if you studied every day.（あなたが毎日勉強すれば成績があがるでしょうに）などの現在の事実とは異なる仮想状況を語る仮定法過去，I ***would have failed*** if you hadn't helped me then.（あのときあなたが助けてくれなかったら私は失敗していたでしょう）のように，過去の事実とは異なる仮想状況を語る仮定法過去完了がある。

現在の文脈で使う WOULD：「控えめな推量」「控えめな意志」

仮想状況を示す would の仲間として，話し手が主観を提示する際に，事実として断言せずにあえて遠回しに述べる目印として would を使う場合もある。I think he *would* be late again.（彼はまた遅れそうですね）や You'*d* never know how much I care about you.（僕がどれほど君のことを思っているか君は知らないんだろうね）がそれにあたる。現在のことを指して使われる would にも「控えめな意志」と「控えめな推量」があるのだが，ここで指摘している婉曲的な表現は，それらのうち後者の用法にあたる。

一方，対話的状況で助動詞の過去形を使って行為の遂行を当然ととらえずにあえて遠回しの表現をすると，***Would*** you please close the window?（窓を閉めて頂けませんか）などの「丁寧な依頼」を表現したり，***Would*** you join our swimming club?（私たちのスイミングクラブにお入りになりませんか）のように「丁寧な勧誘」となったりする。これらは，現在の事柄に言及して使う would のうち「控えめな意志」に関する用法とみなすことができる。would like to などもそれに類する用法とみなせるだろう。そのように捉えれば，will

のコアに照らして would を把握するということの意義がより説得力をもって理解されるはずである。

ちなみに、would には、このように現在の文脈であえて使う用法があるため、過去の習慣を示す場合も過去の文脈であるということを would 単独では示しにくい。そこで、When I was a kid（子供のころ）や in 1990s（1990年代には）のように、過去の時点を設定する副詞表現とともに使われることが多くなる。I *would* walk home. だけでは、過去のことなのか現在の状況であえて would を使って、「場合によってはそうするつもりだ(そうするだろう)」と言っているのか判然としない。そこで、when I was a schoolchild などとすれば文脈がはっきりするのである。

一方、used to は、現在の文脈では決して使われないということが明らかであるから、いきなり過去の状況を述べる場合にも使えるのである。そこで、I *used to* walk home from school. と言えば、今はそうではないが以前はそうしていたという、現在と過去の対比を述べているということがすぐに了解できるのである。

このような使い分けも、would の本質的な意味を will との連続性を踏まえた上で、分析的にとらえることから可能となるのである。

14　FOR, OF と「意味上の主語」

　前置詞の中で for と of は，不定詞の意味上の主語を示すシグナルとして機能することがある。It is easy *for* me to do it. (それを私がするのは簡単だ) や It is kind *of* you to help me. (手伝ってくれるなんて親切ね) にみられる用法がそれである。この for と of はどのように使い分けられるのか。また，不定詞の構文の中でどのような位置を占めているのか。ここでは，まず for と of の前置詞としてのコアに注目し，そこからどのように用法の拡張を経て，意味上の主語を示すような文法的機能を獲得するに至るかをみていくことにしたい。

FOR のコア
　for は，「何かに向かって」という指向性がその本質的な意味である。何かを心理的に指差そうとするイメージが for にはそなわっている。

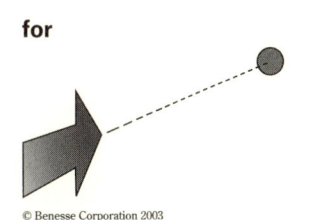

for

© Benesse Corporation 2003

この本質的なイメージを生かして，for の用例を整理するとどうなるか。前置詞 for の用法の主要なクラスターとしては，「目標の対象を指して」「時間の流れを指して」「関係の対象を指して」「判断の観点となる対象を指して」をあげることができる。

「目標となる対象を指して」の FOR

I'm leaving *for* London soon.（私はやがてロンドンに向けて出発します）の for は、「〜に向かって」というふうに「方向」を示す。to が「何かと向き合う」という相対する関係を示すのに対して、for は「何かに向かって」という方向性を示すという相違がある。この点を以下の例文で比較してみよう。

(1) She left *for* the station.（彼女は駅へ向かって出発した）
(2) She went *to* the station.（彼女は駅に行った）

(1) の文中の leave for は「〜へ向けて出発する」という意味合いで、文全体としては「彼女は駅へ向かって出発した」となる。この for は「方向」そのものを表している。言い換えると、その方向にむかって出発したものの、目指すところに到達したという保証はない。一方、(2) は「駅に行った」という意味合いで、ここでの to は移動の「方向」を示すのではなく、むしろ移動の結果として、対象と「向き合う」という関係を表し、ここでは、移動動詞 go の影響で「到達」の意味合いが生じている。このことは、上記の二つの例文に but she didn't get there を足してみるとよくわかる。そのとき、(1′) はふつうの文として容認されるが、(2′) は矛盾した内容になってしまうのである。

(1′) She left *for* the station, but she didn't get there.
(2′) ?She went *to* the station, but she didn't get there.

つまり、go to というときの to は、移動の結果として目的地点となる対象と「向き合う」ところまで「到達」するという事態を表すのに対して、leave for にみられる for は、「対象に向かって」というところにその本質があるのである。

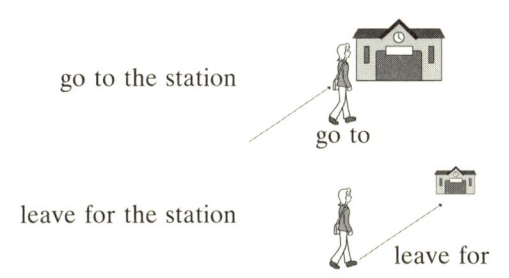

go to the station

go to

leave for the station

leave for

次に，What can I do *for* you?（どのような御用向きでしょうか（←あなたに何がしてあげられますか））などは，物理的な方向というよりも，むしろ「心理的に対象に向かって」ということから，「〜のために」という「利益」の意味合いになる。Tofu is good *for* your health.（豆腐は健康（のため）によい）でも，「〜のため」というように対象の利益が想定されている。

I looked in my bag *for* the key.（私はバッグの中にカギを探した）であれば，「目線が対象に向かって」ということから，look for で「探す」となる。これも心理的に「目標となる対象を指して」という意味合いである。search *for*（〜を探す）や wait *for*（〜を待つ）などの for にも，対象を思い描いてそれを心理的に指さそうとするイメージが感じられる。

Are you *for* or against his plan?（彼の計画に賛成ですか，反対ですか）では，心理的にある意見に向かっているか，あるいはそれと対立しているかという意味合いで，for / against で「支持」「反対」の立場を表している。類似の表現に argue *for* [against]（〜に賛成[反対]の主張）などもある。

「時間の流れを指さして」の FOR

for には，I'll study Chinese *for* the next three years.（私は中国語の勉強を今後3年間する予定です）のような用法がある。一般に，「期間」と呼ばれるが，期間を表すのになぜ for を使うのかにわかにピ

ンとこない。これはむしろ,「時間が経過する流れを指さして」という意味合いで for を使っていると考えるとわかりやすい。すなわち,「1年目 → 2年目 → 3年目」と時間が流れていく中で中国語の勉強が進展するという意味合いで,時間が経過していくその流れにそって指さす感じで for が使われているのである。

ちなみに,「期間」というと, during the three years (その3年の間に) で使われる during がよりその表現にふさわしい。for three years という場合には, 経過する時間の流れが意識されていて, その流れにそって指さすようなイメージになるのである。

> for three years　　　▭ ▶1▶ 2▶ 3▭
> during the three years　▭ 1 2 3 ▭

「関係の対象を指して」の FOR

次に,「関係の対象を指さして」という意味合いの for をみてみよう。I paid $1,500 *for* this computer. (私はこのコンピュータに1500ドル支払った) などがその例としてあげられる。ここでの for は「〜に対して」という意味合いで, 交換の対象を示している。「交換」というと, for の意味に大きな変化が生じたかのように思われるかもしれない。しかし, これは pay という動詞の意味に影響を受けているに過ぎない。「支払う」という行為には, 何かを入手することと引き換えに, その代価を差し出すことが求められる。その交換が for で表現されるのだが, ここでも支払いの「対象を指して」という意味合いで for が使われているのである。

いわゆる「交換」の例では, buy, sell, exchange, change などの動詞とともに使われることが多い。buy the book *for* 10 dollars. (その本を10ドルで買う) や sell a CD *for* 500 yen (CDを1枚500円で売る) などを典型例としてあげることができる。

一方,「代理」の例としては, He spoke *for* his class. (彼はクラ

スを代表して話した）などがあげられる。Say hello to your mom *for* me. は，「お母さんによろしく伝えて」ということだが，この for me は「私のため」とも解釈できるが，「私の代わりに」と捉えるのがより自然であろう。She looked after the cat *for* her friend.（彼女は友達の代わりに[ために]そのネコの面倒をみてあげた）も同様である。

「判断の観点となる対象を指して」の FOR

通常の前置詞とは異なる for の用法として，for A to do という不定詞の意味上の主語を示す表現がある。たしかに，この用法では文法的な機能が強まる分，空間的な意味合いは薄れていると言えるかもしれない。とはいえ，前置詞 for のもつ「指差し」のイメージが消えてしまうわけではない。

It's important *for* you to take care of your health.（あなたは健康に留意することが大切だ）は，一般に形式主語構文と呼ばれている。これを情報提示の仕方という観点から捉えなおしてみると，以下のように分析することができる。

> まずコメントを述べる — *It*'s important
> コメントの差し向け先を示す — *for you*
> 具体的な行為を示す — *to* take care of your health.

こうしてみると，この for は，「話し手の判断が向けられる対象を指さして」という意味合いを帯びていることがわかる。ただし，この for you は "It is + 形容詞 + to do" の構文において必須のものではなく選択的な情報である。上の例文で for you がなければ，提示されたコメントが特定の人に差し向けられることなく，一般論として「健康に留意するのは大切だ」となる。

ここでは，形式主語 it に後続する真主語にあたる to 不定詞の意味上の主語を示すマーカーとしての for をあげているが，もちろん，形式主語[目的語]構文以外でも for A to do という表現は使

われる。たとえば，What are the minimal conditions *for* language *to* emerge?（言語が発生する最小限の条件とはなんでしょうか）では，for A to do が the minimal conditions にかかる形容詞的用法の不定詞になっている。I stepped aside *for* her *to* pass.（彼女が通れるように脇によけた）では，副詞的用法の不定詞が意味上の主語を伴っている。これらの用法においても，for は先行の情報を後方に差し向けつつ，不定詞の意味上の主語を示すはたらきをしている。

接続詞の FOR

文法現象と関わる for の今ひとつの用法として，接続詞もある。それは，We must do our best, *for* we have only one life.（全力をつくさなくてはならない。というのは人生は一度しかないからだ）などにみられる等位接続詞の用法である。同じ「理由」を表すとしても because や since などの従位接続詞とは違って，以下に示すように，for は前置詞の空間的なイメージを反映して，必ずある発言を前提として，その根拠を指差すように提示するという展開になる。

[We must do our best], *for* [we have only one life].
　　　発言 A　　　⇒　　　発言 B
　　　　　　〈指さし〉

このように，前置詞の空間的なイメージが前提となって接続詞 for が生じているということが理解できれば，「理由」を示すと言っても，because のように因果関係を明示的に表すのではなく，あくまで先行の発言をふまえて，それを次の発言に差し向けるようなニュアンスを汲み取ることができる。ただし，この for は接続詞としては硬い表現で，口語ではあまり使われないということも指摘しておきたい。

OF のコア

of はさまざまな状況でよく使われる前置詞で，その意味用法の

全貌を手に取るように把握するのはなかなか難しい。しかし，コアを通じてそれらの用法をみわたせば，やはりそこに一貫したイメージがあるということがわかる。of のコアは「切っても切れない関係（出所・帰属先）を表す」というものである。そして，「〜から出て（出所）」と「〜に属して（帰属先）」のどちらに焦点があてられるかによって，意味合いに差が生じてくる。

of

Ⅰ Bへ帰属する
Ⅱ Bから出る

© Benesse Corporation 2003

いずれかを焦点化するといっても，他方の意味合いがまったく消えてしまうということではなく，図（前景）と地（後景）の関係で状況に応じて反転が可能なものである。理解を促す便宜として，「〜から出て」と「〜に属して」に分けて論ずるが，図と地の関係は焦点のあて方の問題であると捉えておくとよい。

「〜に属して」が強調される OF

　まず，「〜に属して」という側面が強調される of をみてみよう。たとえば，The cover *of* the book is very beautiful.（その本の表紙はとても美しい）では，the cover が「部分」，the book が「全体」にあたり，"部分 of 全体" という関係になっている。the head *of* the hammer（そのハンマーの先端）や the legs *of* a table（テーブルの脚）もその例である。

　The soccer player is a friend *of* mine.（そのサッカー選手は私の友達だ）の of は，A of B で「B に属する A」という意味合いになる。類例に，the title *of* the book（その本のタイトル），a graduate student *of* Keio University（慶応大学の大学院生），the quality *of* the product（その製品の品質）などがある。

「所有」「関連」を表す "of 人" の表現

of を使って「所有」を示すときには，a friend *of* mine のように，A of B の B に(独立)所有格などの所有を示す形がくる。しかし，A of B の B の位置に(独立)所有格と目的格のいずれもとることができて，両者で意味が異なる場合がある。

  a picture *of* his（彼の(所有する)写真）
  a picture *of* him（彼の(映っている)写真）
  a student *of* Newton's（ニュートンの教え子の1人）
  a student *of* Newton（ニュートンの研究者）

これらは，of に(独立)所有格が続くときには「所有」を示し，目的格の場合には「関連」表すと捉えることができる（「関連」の of については p. 188 を参照）。

「～から出て」が強調される OF

次に，「～から出て」という側面が強調される用例をみてみよう。I want to live in a house which is made *of* wood.（木の家に住みたい）では，A is made of B で「A は B（素材）で出来ている」という受身の成句的な表現になっている。通例，製品の外見からその素材がわかる場合には，上記例文のように of を使うが，原料からの変形を含意するときには，Wine is made *from* grapes.（ワインはぶどうから作られる）のように from で表現する。from は「起点」を示すことから，原料からの「変化」をほのめかすのに対して，of は〈切っても切れない関係〉を示すことから，より直接的に製品の素材を示す。素材から完成品が成るという意味で，たしかに「～から出て」という部分が強調されていると言えるが，視点を変えれば，製品が素材に「属して」いると捉えることもできる。The doctor died *of* the disease.（その医師はその病で亡くなった）では，die という現象がどこから出てきたかという出所を示しており，類例に，die *of* hunger（飢えで）／die *of* starvation（飢餓で）／die *of* malnutrition（栄養失調で）などがある。ちなみに，原因が「過労」だと die *from* overwork，「貧困」では die *in* poverty と言う。病や栄養状態は死という現象と切っても切れない関係で捉えられるのに対して，「過労」は間接的な要因，「貧困」は当事者が置かれる状況として把握されるためである。

Keiko cleared the road *of* snow.（ケイコは道路の［から］雪を取り除いた）これは，「動詞 + A + of + B」の形で，「A の［から］B を取り除く」という意味合いになる用法である。A に付随している B を除去するという意味で，「～から出て」という側面が強調されていると捉えることができる。ただし，clear the road *of* snow では，「雪から道が出る」のではなく，逆に，「道から雪を取り除く」となる。ここでの of snow は，the road にかかるものではなく，clear という動詞とのつながりによって生じている。つまり，clear the road に対して of snow を副詞句として加えているのであるから，表面的な「除去」という意味合いの背後に，「道から邪魔なものを取り除く (clear the road)」という行為が「雪に属して［関連して］(of snow)」なされるという捉え方ができる。

同様の分析は，rob という動詞の用法にもあてはまる。「盗む」という行為に関する動詞として，rob と steal の使い分けがよく問題となる。そのポイントは，以下のように，前置詞とその前後における名詞句の使い方の相違である。

rob A（所有者）of B（所有物）

steal A（所有物）from B（所有者）

stealが所有者の隙をついてを掠め取るのに対して, rob は所有者に対して直接的に襲い掛かるようにして, 持ち物を剥ぎ取っていくという行為を表す。He *stole* the jewels *from* her.（彼は彼女から宝石を盗んだ）と言えば, 持ち主に気づかれないように盗んでいったということだが, He *robbed* her *of* the jewels.（彼は彼女の宝石を奪い取った）と言うと, 所有者に強奪をはたらいたということになる。この場合も, clear A of B と同様に,「A に対して強奪を行う(rob A)」のが「B に関して(of)」であるという捉え方が可能である。

意味関係を示す OF：「関連」

of の用法には, これまでみてきたように空間的なイメージによって把握しやすい用例もある。しかし, その他にも, of には意味関係を示す用例がある。具体的には,「～について(の)」という「関連」を示す用法,「行為とその主体」「行為とその対象」を関係づける用法などがある。

He told me stories *of* his travels.（彼は私に旅の話をしてくれた）は, 内容的な関連を示す of である。関連を示して,「～についての, ～の」という意味合いで用いる。There are many theories *of* communication.（コミュニケーションに関する理論はたくさんある）もその例である。動詞や形容詞に対する副詞句として of ～ を使うこともあり, そのときには, She always complains *of* her excessive housework.（彼女はいつも家事が多すぎると不平をもらす）や He is afraid *of* dogs.（彼は犬を怖がっている）のように,「～について」と

いう意味合いになる。後者は「怖い」という気持ちが「犬」から出てくる，また，そこに属するという意味合いである。類例に，be aware of（〜に気づいている），be ashamed of（〜を恥じている），be sure of（〜を確信している）などがある。

You have to inform the police *of* the accident.（警察にその事故のことを通報しなくてはいけない）などにみられる of は，動詞とつながる副詞句をつくる。ここでは，of が「関連」を示す用法になる。「警察に通報する」という行為を「事故に関連して」行う，という捉え方をするために of を使うのである。その認識を反映して，inform A of B では，A に「人」，B に「情報」が位置づけられる。inform A B や inform A to B といった表現はしない。

意味関係を示す OF：「行為の主体」

The rising *of* the sun brings a new day.（日の出が新たな一日をもたらす）の The rising *of* the sun は，The sun (S) rises (V). の関係が前提にある名詞構文と呼ばれる表現である。ここでは，the rising が表す行為とその行為の主体である the sun を，〈切っても切れない関係〉を示す of でつないでいる。この例は，「太陽が昇ること」→「日の出」と解釈される。of 以下で「行為の主体」を示して，「〜が(...すること)，〜の」という日本語でとらえられることが多い。類例として，the survival *of* the fittest（適者生存），the arrival *of* the guest（訪問客の到着），the sudden death *of* an old friend（旧友の突然の死）などがあげられる。

意味関係を示す OF：「行為の対象」

Her love *of* classical music started from high school.（彼女が大のクラシック好きなのは高校の時からだ）における her love *of* classical music は，She loves classical music.（彼女はクラシック音楽が大好きです）が前提にある表現であり，この of は her love の対象を示すものである。日本語では，「彼女がクラシック音楽が大好きな

こと」→「彼女のクラシック好き」などとなる。類例として，love *of* nature（自然を愛すること）や the discovery *of* a new continent（新大陸の発見）があげられる。いずれの場合も，行為を示す名詞が of の前にあって，of の後ろでその行為の対象を示すという形になっている。行為に対してその対象が，「切っても切れない関係」にあると捉えられるため，ここでも of が使われる。

意味関係を示す OF：「同格・内容」

I have the problem *of* not getting enough sleep.（私は十分に睡眠がとれないという問題を抱えている）の of は，the problem とはすなわち何かと言えば，それは not getting enough sleep ということであるという同格的な説明や内容を示すものである。つまり，先行する名詞に対して，その具体的な中身を〈切っても切れない関係〉を示す of でつないでいる。日本語では，A of B に対して「B という A」というふうに捉えられるケースが多い。the problem *of* global warming（地球温暖化という問題），the city *of* New York（ニューヨークという都市），a feeling *of* gratitude（感謝の気持ち）などもその例である。

「評価の出所・対象」を示す OF

文法項目として注目すべき of は，It's very kind *of* you to help me.（私を助けてくれるなんてとても親切ね）にみられる用法である。これは，"It is＋形容詞＋of＋人＋to do" の構文で，行為に反映される人柄を評価する表現である。この構文で of を使うのは，形容詞によって示される性質は，of の後の「人」から出てくるものであり，また，その人に帰属するということを表すためである。すなわち，「人柄を示す性質」と「その性質の持ち主」が〈切っても切れない関係〉で捉えられるために of を使うのである。これを，"It is＋形容詞＋for＋人＋to do" の構文と比較すると，for と of のそれぞれのコアから構文タイプの相違も説明可能であることがわかる。

- *It* is 形容詞 [*for* 人] *to* do ("for 人" はなくても構文として成立)
  It is important ……（ある行為について）コメントを述べる
  for you ……そのコメントを人に差し向ける
  to keep good hours. ……具体的な行為を示す
  ※ この構文で使われる主な形容詞は，easy, hard, touch, difficult, dangerous, impossible, comfortable などの「行為についての難易などの判断」を表す。

- *It* is [形容詞 *of* 人] *to* do ("of 人" は構文の成立に必須の情報)
  It is ……漠然とした状況を話題にとりあげる
  kind *of* you ……（行為に表れる）人柄を評価する
  to help me. ……評価の根拠となる行為を示す
  ※ この構文で使われる主な形容詞は，careless, kind, nice, good, stupid, wise など「行為に表れる人柄の評価」を示す。

なお，It is kind of you to help me. の構文は，You are kind to help me. のように人を主語とする構文も可能となる。後者は，人を話題の中心において，その人を（具体的になされた行為を根拠として）人柄において評価する構文として理解できるものである。

以上，for と of の用法をそれぞれ詳細に分析し，両者が不定詞の意味上の主語を示す用法において，いかなる相違があるかをみてきた。前置詞には空間詞としてのコアがそなわっている。そしてそのコアから文法現象を見つめ直したときに，初めてつかむことができる理解の仕方があるということが確認できるのではないかと思う。

15　WITH と「付帯状況」

　with と言えば, Come *with* me.（私と一緒に来て）などの例から,「一緒に」で理解できると思いがちである。しかし, cut the cake *with* a knife（ケーキをナイフで切る）となると, そうはいかない。これは「道具」の例だが, その他にも「素材」「原因」などを示すこともあり, with には「一緒」では対処できない用例がたくさんある。

WITH のコア

　with のコアは,「何かを伴って」というものである。伴う対象は, 手に取れる物から出来事のレベルにまで及ぶ。with の基本的な用法として,「何かとともに（ある）」を理解し, その応用として, "with + A + B" の形になる「付帯状況」の構文をとらえれば, その用法全般がすっきりと理解できるはずである。以下, with が「何かとともに（ある）」を表す場合と,「何かでもって」という解釈があてはまる用例をみてみたい。

「何かとともに（ある）」の WITH

　She takes a walk *with* her dog every morning.（彼女は毎朝犬と一緒に散歩する）の with は, 日本語でも「～と（一緒に）」と訳せるもので, 最も理解されやすい用法である。これは「何かを伴って」というコアが, たまたま「一緒に」という解釈を受け入れる例である。talk *with* her（彼女と話す）や play *with* them（彼らと遊ぶ）などから仲良く同調する感じがするが, そういう例ばかりではない。fight *with* him（彼と戦う）, argue *with* her（彼女と口論する）など,「相手とぶつかり合う」状況でも with を使う。

　Do you agree *with* me?（私の考えに賛成ですか）は「意見が私と

ともにある」ということ。Are you *with* me? とも言うが，これは「私に賛成ですか」だけでなく，「私の話を理解して（ちゃんと聞いて）ますか」ともなる。いずれにせよ，「相手とともにある」という状況を示している。

She is a woman *with* long hair. (彼女は長い髪の女性である) の with は，「ある特徴とともに（ある）」という意味合いである。身体的特徴だけでなく，He is a man *with* a good sense of humor. (彼はすぐれたユーモアの感覚をもつ人だ) のように性格的特長にも使える。

What's the matter *with* you? (どうしたんですか) は，「何が問題か (What's the matter)」という状況が「あなたとともにある (with you)」ということ。There is something wrong *with* this computer. (このコンピュータはどこか具合が悪い) の with も同種の用例で，「どこかがおかしいという状況」が「このコンピュータとともにある」というふうに捉えられる。

「何かでもって」の WITH

He managed to cut the meat *with* a knife.「ナイフでもって肉を切る」は，「道具」の with と呼ばれる用法である。「一緒に」では捉えられない with の典型例だが，これも with のコアから捉えれば，「ナイフを伴って[でもって]肉を切る」となる。

「〜で」というとき，抽象化された「手段」を示す場合もあるが，そのときは「〜によって」という意味合いの by を用いる。go *by* bus (バスで行く) や communicate *by* telephone (電話でやり取りする) などがその例である。この「手段」の by では直後の名詞は無冠詞になるが，それは個体を一つ取り出すという発想ではなく，不可視の機能面をクローズアップしているためである。逆に，「道具」の with では，具体的に手にとる対象をイメージするので，一つの個体を"a＋名詞"の形で表すのである。

The hill was covered *with* snow. (その丘は雪で覆われていた) の

with は,「要素でもって」という意味合いである。be covered ***with*** や be filled ***with*** (〜で満たされている) のように受身から生じた表現でよく使われる。能動表現の例としては, provide A ***with*** B (A に B を提供する), supply A ***with*** B (A に B を供給する) などがある。A に「提供」「供給」を行うにあたって, どんな「要素でもって」その行為を行うのかということを示すために with が使われる。

She was in bed ***with*** a cold. (彼女は風邪で寝ていた) では, 彼女は「風邪を伴って[でもって]」寝床についていたということで,「原因」の with である。be satisfied ***with*** (〜で満足している) や be pleased ***with*** (〜で喜んでいる) などの感情を表す受動的な表現に伴う with にもこの意味合いが認められる。I was pleased ***with*** the results of the test. (私は試験の結果に満足だった) であれば,「何でもって」満足していたかが with で示される。with が感情の原因に言及する場合,「〜を伴って」というコアを反映して, 時間的な継続性がイメージされる傾向が生じる。be pleased at という表現もあるが, これだと at が「ところ」というコアであるため,「その場で」となって, 一時的なこととして感じられるようになる。

Handle this machine ***with*** great care. (この機械は注意深く扱ってください) は, 一般に, "with + 抽象名詞" で様態の副詞に相当するといわれる用法だが, これも「大きな注意力を伴って[でもって]」という発想である。speak French ***with*** fluency (フランス語を流暢に話す), solve the problem ***with*** ease (その問題を簡単に解決する) などもその例である。

「状況を伴って」の WITH

with には, 付帯状況と呼ばれる用法もある。通常の用法は "with A" という形で捉えられるのに対して, 付帯状況では, "with + A + B" の B に相当する情報が必須になる。それが doing (現在分詞) であれば,「A が〜している状況を伴って」ということを表し, それが done (過去分詞) であれば,「A が〜された状況を

伴って」となる。さらに，B に前置詞句がくるケースもあるが，これは「A が B に位置づけられた状況を伴って」と理解できる。この付帯状況の用法でも，コアから発想すれば，A が B という「状況を伴って」という意味でシンプルに理解することができる。

He was reading *with* his wife watching TV beside him. (彼は読書をしていたが，その脇で妻がテレビを見ていた) は，with A doing (現在分詞) の形で，「A が～している状況を伴って」となっている。これは，He was reading と his wife was watching TV beside him という二つの出来事があって，前者を主節として後者をそれに付随[付帯]する状況とみなしている。日本語では，上の訳例でもよいし，また，「彼が読書をしていたその脇で妻はテレビを見ていた」などでも可能だろう。いずれにせよ，「～している」という現在分詞で表される状況を伴っている，という具合に理解することが大切である。

また，I couldn't relax *with* you watching me all the time. (始終じっと見られていたので，リラックスできなかった) のように，with 以下の付帯状況が原因理由を表したり，***With*** the rainforest destroyed at this rate, the global ecology would be seriously affected. (熱帯雨林が今の比率で破壊されていくと，地球規模の生態系が深刻な影響を受けるだろう) のように，with 以下が条件や仮定を表すケースもある。

She was lost in thought *with* her eyes closed. (彼女は目を閉じて物思いにふけっていた) では，with her eyes closed の部分が with + A + done (過去分詞) で「A が～された状態を伴って」となる。日本語では「目を閉じて」と言うが，これは主語である人を主体とする能動的な行為を描写しているためである。これに対して，英語では受身の意味の過去分詞 closed が使われている。with + A + done の構文では，あくまでも A (ここでは「彼女の目」) を中心にすえて，それが行為をなすのかなされるのかという発想をするためである。

日本語で理解を促す場合には，たとえば助詞の「が」を使って，「目が閉じる」だと「何を？」となってしまうが，「目が閉じられる」なら OK だという説明が一応は可能である。しかし，英語の感覚になれるには，以下のように be + doing と be + done のどちらがより自然かをチェックするとよい。

　　?Her eyes are closing. ― 目が閉じている？ 何を？
　　○Her eyes are closed. ― 目が閉じられている。

進行形がより自然であれば，そこから be をとった現在分詞が付帯状況でも使われるのであり，受身が自然であれば，そこから be をとった過去分詞が使われるという具合に捉えることができる。

　前置詞句が続く例として，Do not talk *with* food in your mouth.（食べ物を口に入れてしゃべるな）などがある。これは，"with + A + 前置詞句" の形で，A が存在する位置を状況として示す構文になっている。「食べ物が口の中にある状態を伴ってしゃべるな」ということである。「口が食べ物でいっぱいの状況」と捉えて，Don't talk *with* your mouth full. と言うこともある。この場合も，with A (being) B という具合に being を補えばどのような状況を「伴って」いるか，容易に理解できるはずである。

16　前置詞と「感情表現」

　前置詞は難しいとよく言われる。辞書をみても，あまりにたくさんの意味が載っていて覚え切れないし，どのように使い分ければいいのか分からないという声をよく耳にする。まず，前置詞一般について，どのように捉えるべきであろうか。

　前置詞は，基本的に空間的なイメージを表すものである。その意味で空間詞といってもよいほどである。そして，その空間的なイメージが空間以外の文脈に応用されることによって，用法が拡張していくと考えられる。

　たとえば，Put some flowers *in* the vase. (花を花瓶に生けて) は物理的な「空間内」のイメージだが，She came *in* time. (彼女は時間どおりやってきた) となると，その「空間内」という感覚を時間になぞっている。I'll keep that *in* mind. (そのことをしっかり覚えておきます) であれば，「空間内」のイメージをいわば心理的空間になぞって表現している。It is possible *in* theory. (それは理論的には可能だ) では，概念の世界に「空間内」のイメージを応用している。今試みにこれらを，「物理的空間」におけるイメージを拡張応用した結果として得られる，「時間的空間」「心理的空間」「概念的空間」の表現と仮定してみよう。すると，これらは以下のように，in がもつ〈空間内〉というコアイメージとその展開によって，統一的に捉えることができるようになるのである。

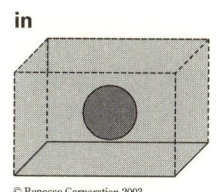

物理的空間： Put some flowers *in* the vase.
→ 時間的空間： She came *in* time.
→ 心理的空間： I'll keep that *in* mind.
→ 概念的空間： It is possible *in* theory.

　同じ要領で，前置詞 on について，そのコアイメージを物理的空間のレベルから時間・心理・概念に応用して，その拡張用法のそれぞれに具体例を付してみると以下のようになる。

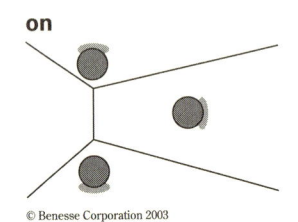

物理的接触： Look at the picture *on* the wall.
→ 時間的接触： He came *on* time.
→ 心理的接触： What's *on* your mind?
→ 概念的接触： He gave a lecture *on* ecology.

　on は〈～に接して〉というコアをもつ。接触の方向は垂直とは限らないので，日本語の「上に」とは異なる。the picure *on* the wall（壁の絵）もその例である。*on* time は時間にピタッと接してということから「時間どおりに」となる。*in* time が〈空間内〉のイメージから「間に合って」となるのと対照的である。コアがもつ空間的なイメージを時間に投射することによって，これらの表現の差も明確につかめるようになる。

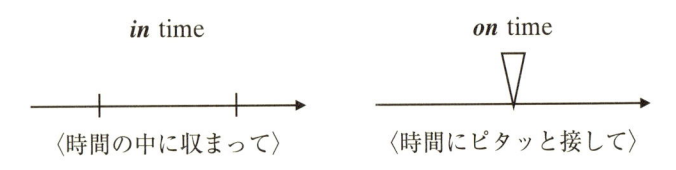

in time　　　　　　　　　　*on* time

〈時間の中に収まって〉　　　〈時間にピタッと接して〉

What's *on* your mind? は「何を気にしているのか」といった意味合いである。*on* one's mind と *in* (one's) mind においても，on と in のコアが決め手になる。mind は頭脳のはたらきとしての「記憶」や「思考」を意味する。そこで，*in* (one's) mind といえば，自分の記憶や思考の内部に収まるということから，「覚えていて」または「考えて」となる。一方，on は表面的な接触を意味するから，*on* one's mind は自分の記憶や思考の内部に収まるのではなく，その表面(外側)にピタッと接しているというイメージになる。記憶や思考に収まらない何かが，たんこぶのように mind に接しているといった感じである。そこから，何かを「気にして」，何かで「思い悩んで」などと解釈されるようになる。この *in* (one's) mind と *on* one's mind の差は，前置詞のコアを参照してはじめて明確な根拠をもって，また，身体感覚的な実感を伴って，理解可能になるものであろうと思われる。

He gave a lecture *on* ecology. (彼は生態学の講義を行った) の on は，「関連」を示すといわれるが，なぜ on がそのような意味を持ちえるのか。これは，中身がある話題にピタッと接しているということを意味するためである。そこで，同じ「関連」を表すとしても，専門性を帯びた関連を示すということもわかってくる。なぜならば，ピタッと接してということは，対象から離れないということでもあるからだ。そして，それが同じ「関連」を示す about との相違である。about は，〈漠然とあたり(周辺)〉という漂うような空間的イメージがあるため，ある話題とその周辺を含むような漠たる関連性を示すのである。その用例の展開は以下のごとくである。

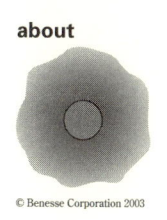

about

> 物理的周辺： Look *about*!
> → 時間的周辺： It's *about* time you went home.
> → 心理的周辺： I'm worried *about* you.
> → 概念的周辺： He told me a story *about* India.

Look *about*! の about は，副詞として機能しているが，空間的なイメージを有しているという意味では，前置詞の場合と同様である。It's *about* time you went home.（そろそろ返る時間だよ）では，〈漠然とあたり（周辺）〉という空間のイメージを時間になぞっている。I'm worried *about* you. は，心配だという心理状態が，あなたの周囲に漠然と漂うように感じられるという意味合いである。そして，He told me a story *about* India.（彼は私にインドに関する話をしてくれた）のように，概念的な次元では，ある話題のあたりを漠然と取りまくような感じで「関連」を示すのである。

このように前置詞の用法の拡張についてみてみると，空間的な意味合いをもつ前置詞が比喩的な用法で使われるときにも，前置詞のコアがそこには生きているということがわかる。

なお上に記した，「物理的」な次元を基に展開する「時間的」「心理的」「概念的」カテゴリーは，前置詞一般にあてはまるというわけではなく，便宜的な分類法として使っている。あくまでも，前置詞の空間的なイメージが抽象的な領域にどのように拡張をとげているかを観察することがねらいである。

感情表現でよく使う前置詞

前置詞は，I'm worried *about* you. のような感情表現でも使われる。英語で感情の動きを表現するとき，一般に受身形の表現が多くなるのだが，それは以下のような発想が前提にあるためであろう。すなわち，感情を抱く主体の外に原因があって，それが主体の心理にはたらきかける結果として，感情の変化が生じるというものである。このような発想が構文にも反映しているものと思われる。

16 前置詞と「感情表現」

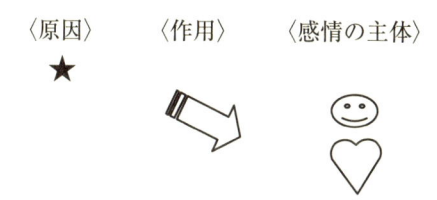

〈原因〉　〈作用〉　〈感情の主体〉

ここで、〈原因〉に焦点をあてれば、[The news] surprised [me]. という表現（能動態）が可能になる。それに対して、〈感情の主体〉が受けた影響に注目すれば I was surprised by the news. のような受身の構文が使われる。

受身の構文では by が「動作主」を示すことがあるが、この用法は by の〈近接して（そばに）〉というコアとやはりつながっている。by は stand *by* the door のような「何かのそばによって」という用法を基として、「誰かによって（〜された）」という受身の「動作主」を示す表現にまで展開すると考えられるのである。The computer was broken *by* John. であれば、「コンピュータがこわれていた状況」が「ジョンのそばに」あったということから、「ジョンによって壊された」と捉えられるようになるといった具合である。

The computer was broken *by* John.

© Benesse Corporation 2003

ところで、主に be + done（過去分詞）の構文で表現される感情表現では、by だけでなく at, about, with などの前置詞も使われる。たとえば、I was surprised *by* the news.（その知らせには驚いた）であれば、by 以外にも about や at を使って表現できる。ここで、be + done で表現される主な感情表現と前置詞の組み合わせをみて

みると，以下のような傾向がみられる（○はその表現の組み合わせがよく使われ，—はその組み合わせが一般的でないということを表す）。

	at	about	by	with
be surprised	○	○	○	—
be frightened	○	○	○	—
be embarrassed	○	○	○	—
be disappointed	○	○	○	○
be pleased	○	○	○	○
be annoyed	○	○	○	○
be satisfied	—	—	○	○

これらの前置詞は，どのように使い分ければよいのだろうか。これら前置詞の使い分けの原理も，以下のように，それぞれのコアを参照することによって，ある程度，説明可能になる。

by: コアは〈近接（そば）〉であり，「何かによって」ということを表す。そこから，ある感情がなんらかの原因によって引き起こされるということをほのめかす。

about: コアは〈漠然とあたり（周辺）〉で，そこから，さまざまな要因がはたらいて，ある感情的反応になっているという意味合いになる。

at: コアは〈ところ〉。そこから，その場で感情的反応が生じるという意味合いが強くなる。

with: 〈何かとともに〉。そこから，一定期間持続する感情と結びつく傾向がある。

たとえば，He was pleased ＿＿＿ her attitude. の下線部に，上記のそれぞれの前置詞を入れた場合のニュアンスを比較してみよう。by であれば，「彼女の態度によって」彼は喜びを感じたとなる。about であれば，彼女の態度をめぐる「周辺のさまざまな」事

情から喜びが生じたといった感じである。at であれば,彼女の態度をみて「その場で」嬉しかったということになり,with であれば,その態度「とともに」彼の喜びがある程度持続した,といった意味合いになる。

be surprised, be frightened, be embarrassed が with を伴わないのは,はっと驚いたり,びくっとこわがったり,バツの悪い思いをしたりといった心理の動きが,with によって示される「持続性」と噛み合わないためではないだろうか。

また,同じ「喜び」でも,be pleased では,at, about, by, with のいずれも使えるのに対して,satisfied となると,by, with は使えても at, about は使えない。これは,satisfiy(満足させる)が密度の濃い感情を示唆するために,at が示すような「一過性」のものとして,あるいは about がほのめかすような「散漫な」ものとして把握し難いためではないか。

また,感情を表す純粋な形容詞については,She was angry *at* / *about* / *with* his words. などがあるが,これらの表現は動作性を示さないので by は使われない。sad と anxious には,She is anxious *about* the results of the test. のように about のみが続き,proud と afraid は,I am proud *of* you. のように of のみが続く。これがどういう事情によるかということも,about と of のコアを比較することによって明らかになってくる。

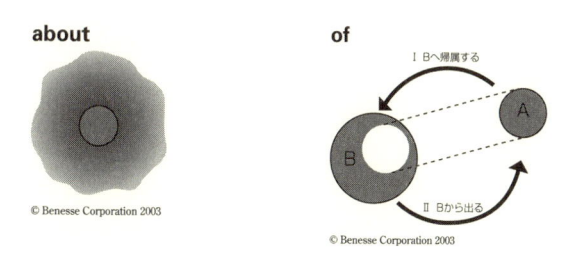

about のコアは〈(漠然と)あたり〉で,of のコアは〈切っても切れ

ない〉関係である。「誇り」や「おそれ」というものは，原因とつかず離れずのように捉えられるのに対して，「悲しみ」や「不安」は，対象が漠然としていてつかみどころがない。そのような感じ方が前置詞の選択に反映しているということが言えるのではないか。

　だとすると，mad や angry には of は使わずに，at, about, with を使うということもある程度は了解可能になる。それは，その場の感情だったり (at)，漠然としたことどもに (about) 怒りを覚えることもあれば，怒りを持続させる (with) こともあるのに対して，原因と切っても切れない関係では「怒り」は捉え難いということから of の使用は控えるという推論が成り立つのである。

　以上，前置詞の用法を主に感情表現とのつながりでみてきた。従来，説明されていなかった前置詞の使い分けについても，それぞれのコアに注目することによって，根拠を伴った形で判断できるようになることが期待できるのではないだろうか。

17　AS と「比較」

　as と言えば、まず比較構文の as 〜 as が思い浮ぶ。また、as には前置詞や副詞としての用法もあり、接続詞としても多様な文脈で使われる。一般に、これらの as の幅広い用法は互いに独立した文法項目とみなされている。しかし、「形が同じであれば共通の意味がある」というコア理論の主張は、as の用法についても当てはまるものと考えられる。レキシカル・グラマーは、語彙の本質的意味という観点から、複数の構文を共通の糸でつなぐことを可能とする。では、as の広範な用法がどのようにネットワーク化され得るのか、以下にみていくことにしよう。

AS のコア

　as のコアは「二つのもの・ことを対等とみなして並べるはたらきをする」というものであり、以下に示すように、ちょうど左右のバランスが取れた天秤のようなイメージになる。

as

A　as　B

© Benesse Corporation 2003

おおざっぱに言えば、この天秤のようなイメージをもつ as が、モノ同士を対等とみなすときには主に前置詞の用法になり、二つのコト（出来事）を並べるときには接続詞としての働きをもつと考えられる。

　以下、まず、as の典型的な用法として原級比較の構文である as

〜 as，次に前置詞の as，そして最後に，多様な意味があるとされる接続詞としての as の用法を，それぞれコアに基づいて捉えなおしていくことにしたい。

比較構文の as 〜 as

as のコアイメージから直観的に理解しやすい用法として，二つの対象を比較して対等とみなす原級比較の構文があげられる。Tom can play tennis *as* well *as* John.（トムはジョンと同じくらいテニスが上手だ）などがその例である。ここでは，「トムがテニスができる」その上手さ（どれくらい well かという程度）が「ジョン」と比べて対等だということを表している。これは as 〜 as の〜の部分に形容詞や副詞などの程度を語る表現を立てて，それを比較の尺度（観点）として二つの対象が対等とみなされているということを示す構文である。

品詞的には，前の as は程度を示す副詞，後ろの as は比較の対象を示す接続詞とされる。He studies hard *as* his brother does. では，「彼は兄と同様に一生懸命勉強する」となり，このときの as は「同様」という意味合いで様態を示す接続詞である。この as に呼応するように「（同）程度」を示す as を足すと，He studies *as* hard *as* his brother does. という表現が成立する。ここからやがて，形容詞や副詞を二つの as で挟み，その形容詞や副詞が示す基準において 2 者を並置する構文が確立すると考えられる。このような構文が生じるのも，as が「対等とみなして並べる」というコアを有しているからこそ可能なことと思われる。しかし，上に述べたような，as 〜 as の品詞的な区別にこだわる必要はない。むしろ，as のコアを生かして，一つの構文として把握するほうがより実践的である。

原級比較の本来的意味

原級比較の構文では，2 者をある基準において対等とみなすが，

これは客観的に両者が等しいということを必ずしも意味しない。むしろ,「A は(少なくとも) B と対等である」という意味合いを含んでいる。たとえば, She has *as* much money *as* her sister does. であれば, 彼女は少なくとも彼女の姉と同じ程度に金を持っているということであり, 場合によっては, 彼女のほうが姉よりもお金持ちだということもあり得る。このことは, 否定文を使って考えるとより分かりやすい。She does*n't* have *as* much money *as* her sister does. (彼女は彼女のお姉さんほどお金を持っていない) では, 豊かさの度合いにおいて, 彼女は姉に及ばないということであって, これは単に,「豊かさが対等だ」ということを否定しているわけではない。仮にそうだとしたら,「彼女は姉より豊かだ」という解釈も可能となるはずだが, 実際にはそちらの解釈は受け入れられず, 実質的に「彼女は姉より貧しい」という捉え方がなされるからである。このことから, as ～ as という原級比較の構文は,「(少なくとも)同じ程度に」というニュアンスを有するということが確認できるのである。

比喩表現の as ～ as

as ～ as の構文には, 客観的な比較というよりむしろ主観的な比喩として用いるものもある。She is *as* busy *as a bee*. (彼女はハチのように忙しい) などがその例だが, これは本来は異なる次元に属する二つの対象を as ～ as であえて並置することによって, ある種のイメージの引き込み合いをはかり, その効果として鮮やかな描写を行う表現である。このタイプの表現は, 際立った視覚的特徴や行動的特徴をもつ物や動物を含む傾向があり, 以下のように成句化したものが多い。なお, as ～ as のうち前方の as を欠落させた形でもよく使われるが, その場合も, 後方の as の「同様」という意味合いが生かされることになる。

(as) quick as lightning (稲妻のような速さで)

(as) sharp as a razor（かみそりのように鋭い）
(as) tall as a giraffe（キリンのように背が高い）
(as) fast as a hare（野うさぎのように速く）
(as) gentle as a lamb（羊のように穏やかな）
(as) brave as a lion（ライオンのように勇敢な）

as 〜 as の成句；相関的に用いる AS

　as 〜 as の構文の中には成句化している表現もある。Finish your homework assignment *as soon as possible*.（宿題で与えられた課題をできるだけ早く終えなさい），You are *as* beautiful *as ever*.（あいかわらずお美しいですね），I'm losing muscle *as well as* fat.（筋肉も脂肪と同様に失いつつある）などにおける，as soon as possible（できるだけ早く），as 〜 as ever（あいかわらず，この上なく），A as well as B（A も B と同様に）などがその典型である。

　最後の as well as は成句化しているが，Can we communicate *as* well *as* we think?（われわれは頭の中で考えるようにうまくコミュニケーションがはかれるだろうか）のように，原級比較の解釈をそのまま引き継ぐ表現もある。特に，as 〜 as で接続詞化している表現としては，as soon as（…したとたん），as long as（…しているうちは；…する限りは），as far as（…する範囲では）があげられる。The thief ran away *as soon as* he saw the police officer.（泥棒は警官を見たとたん逃げ去った），You can stay here *as long as* you keep quiet.（静かにしている限りここにいてもいい），*As far as* I know, there is no shortcut for learning to read.（私の知る範囲では読むという行為を身につけるための近道はない）などがその例である。as far as は as long as と紛らわしいが，比較の基準に立ち戻れば，前者は「距離の遠さ」，後者は「時間的長さ」に関わりがあることがわかる。「距離」から転じて「(知識などが及ぶ)範囲」を意味するようになるのに対して，「時間の長さ」は，「〜している間は」ということから「条件(の維持)」を意味するようになるということが理解でき

るだろう。

　また, 原級比較の構文以外に, 相関的な構文で用いられる as には, the same ～ as ... (... と同じ(種類の)～) と such ～ as ... (... のような～；～たとえば...) がある。the same ～ as ... は, 文脈に応じて「同一」または「同種」を表し, such ～ as ... はある種の「例示」マーカーのように使われる。He wears *the same* shoes *as* I do.（彼は僕と同じ(種類の)靴を履いている）, I want you to read *such* books *as* provide you with useful information.（有益な情報を与えてくれるような本を読んでほしい）, We have close ties with companies located in *such* countries *as* Thai, Malaysia, and Indonesia.（われわれはタイ, マレーシア, インドネシアなどの国々の企業と密接なつながりを有している）などがその例である。

前置詞の AS

　as の幅広い用法の中には, I think of him *as* a great writer.（私は彼を偉大な作家とみなしている）のように, "as＋名詞"の形で, あるものとその「役割・機能」を並べて,「～として」となる前置詞の用法がある。ここでの as は, think of A as B（A を B とみなす）という成句的な表現の一部になる。前置詞の as によって,「彼」を「偉大な作家」という役割(をもつ存在)と対等とみなすという意味合いになっている。前置詞の as を用いた類似の表現としては, 以下のものがあげられる。

　　【V＋A＋as＋B の成句的表現】
　　treat A as B（A を B として扱う）
　　accept A as B（A を B として受け入れる）
　　describe A as B（A を B として表現する）
　　look on [upon] A as B（A を B としてみなす）
　　think of A as B（A を B と考える）
　　regard A as B（A を B とみなす）

see [view] A as B（A を B と捉える）

AS の接続詞用法

as には接続詞としての用法もあり，それは多義的であるとされる。実際に多くの学習者が英文を読解する際に as の解釈に苦労するようである。しかし，「形が同じであれば共通の意味がある」という主張は，as の用法全般において当てはまると考えられる。これまでみてきた as のコアは，接続詞の用法においても生かされるのである。ただし，接続詞は節（単独でも文として成立する情報のかたまり）をつなぐはたらきをもつ語であるから，as が接続詞として振る舞うときには，対等に並べられる二つの対象は，モノというより，むしろ，コトの次元になる。つまり，二つの出来事をある観点から対等とみなして併置するというのが，ここでの as のはたらきである。

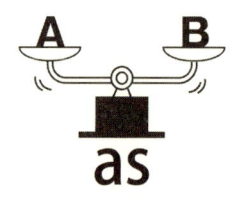

このような as のイメージがつかめれば，あとはそれぞれの文脈にこのイメージを当てはめて解釈できるようになる。たしかに，それぞれの典型的な用法について，それに対応する代表的な訳語は覚えておくにこしたことはないかもしれない。しかし，大切なのは，それらの用法をただ個別に覚えることではなく，一つのコアに基づいてそれらの複数の用法のネットワーク化を図ることである。それができれば，記憶もはるかに定着しやくなり，解釈が微妙な場合もコアに立ち返って柔軟に理解できるようになるからである。

「同時」の AS

The telephone rang *as* I was going out. (私が出て行こうとしているときに電話が鳴った) は，同時に起きている二つの事柄をつなぐ用法で，「〜するとき；〜するにつれて」と解釈される。この as は二つの出来事を時間的に並置している。つまり，二つの事柄を同時に起こったものと捉えている。ただし，主節は前半の The telephone rang であるから，そちらが意識の前面にあって，as I was going out はその後景としての役割を果たしていることを確認しておきたい。

〈前景〉　　　　　　　　　〈後景〉
The telephone rang　　 $\boxed{as}$ I was going out.
電話が鳴った　　　　　　私は出かけつつあった

As you grow older, you will have more experiences. (年をとるにつれて経験は増していくものだ) の as は，一方の出来事の度合いが増せば，もう一方の出来事の度合いも増すという構文である。これは比例関係を示すもので，「〜つれて」と訳せることが多い。また，このとき比較級の表現（この例文では older と more がそれにあたる）が含まれる傾向がある。

〈背景〉
$\boxed{As}$ you grow older,
年をとる　　　　　　　　〈前景〉
　　　　　　　　　　　you will have more experiences.
　　　　　　　　　　　経験が増す

「同様」の AS

Do *as* I tell you. (私が言うとおりにしなさい) では，ある行為と他の行為のようすを並べて，「〜するように；〜するとおりに」と捉

える「同様」の as が用いられている。この as は、「(あなたが)(何かを)する」ことと「私があなたにしろという」ことを二つのコトとして対等に並べるということを示している。「あなたの行動」を「私の指示」と並べよということから、「指示どおりに行動しなさい」という具合に解釈される。

Accept yourself *as* you are. であれば、「自分を受け入れる」という行為を「自分が今あるがままに」なせという解釈になる。Leave the book *as* it is. であれば、「その本は今あるがまま(そのまま)にせよ」となる。このように "as + S + be" という形は、概して日本語では「〜まま」という表現に相当するが、そこに as のコアがしっかり生きているということを確認したい。

「同様」の AS の応用

「同様」の as に関連する表現として、一般には「関係詞の非制限用法」と呼ばれている as の用法がある。たとえば、***As is often the case with*** my wife, she got mad at my joke.(私の妻にはよくあることだが、彼女は私の冗談に腹を立てた) や ***As is usual with him***, he was late for class today.(彼はいつもそうなのだが、今日も授業に遅刻した) などがその典型例とされる。これらの表現は、位置的に文頭・文尾・挿入などで使われる副詞情報となることから、関係詞節というよりも独立節となる慣用構文とみなすのがより自然であろう。

関係詞と呼ばれるのは、as φ is often the case with のように、本来主語の位置に情報が欠落しているということから、as がちょうど主格の関係代名詞 which のように機能していると見えるためである。その意味で、As you know φ, he is a nice guy. なども同種の用法 (ここでは目的格) とみなされることがある。しかし、as の後で情報が欠落する現象は、これらの用法に限られるものではない。たとえば、Accept yourself *as* you are. であれば are の直後の必要情報が欠けているし、He has *as* many books *as* I have. では have の対象が明示されていない。このことは、「二つ

のモノ・コトを併置する」という as のコア機能と本質的につながっている。特に、二つの状況を並べるときに、二つの節で内容的に共有する情報が生じやすくなり、その共有情報を as 節内ではあえて反復しないという傾向が自然と生じるからだ。だとすれば、二つの節で共有されることを前提に as 節内で欠落する情報が名詞情報である場合も、「同様」（一般には「様態」と呼ばれる）という意味合いをもつ as の応用（慣用的な表現）とみなすことができるだろう。

「事由」を示す AS

I will stay at home *as* it looks like rain.（雨が降りそうなので家にいるつもりである）では、ある事柄に対してその事由を並べて、「〜なので」という解釈がなされる。この as は現に起こっていることを、別の事柄の背景事情として並べるものである。理由の一種と捉えて間違いではないが、because が原因や論拠を語るのとは違って、as はそのコアイメージのごとく、二つの出来事を対等に並べているという感じになる。一方にこういう状況があるが、それは他方にこういう事情があるからといった感じである。これも前景と後景という観点でみれば以下のようになる。

〈前景〉　　　　　　〈後景〉
I will stay at home *as* it looks like rain.
家にいるつもりだ　　　　雨がふりそうだ

「対比」の AS

Rich *as* she is, she is not happy.（彼女は金持ちだが幸せではない）のように、二つの事柄を対比して、「〜だが」となる as もある。この as は、「豊かな状態 (rich)」と「彼女はある (she is)」を併置して、「現に彼女は豊かである」という状況をあえて独立した表現として差し出すことによって、後半の節との対比をほのめかす構文で

ある。as she is rich の倒置という解釈が成立しないのは，この語順だとすでにみた例のように「彼女は金持ちなので」などと解釈されてしまうからである。

   豊かな状態 彼女は実際にそうである
   Rich $\boxed{as}$ she is
     ←〈対比〉→ she is not happy.

「対比」を示す as では，概して as を含む節の先頭に形容詞・副詞・(無冠詞の)名詞がくる。Young *as* he is, he is reliable. (彼は若いが頼りになる)，Hard *as* you may try, you can't escape politics. (どれだけ頑張っても政治は避けて通れない)，Boy *as* he is, Ken is super intelligent. (ケンはまだ少年だがものすごく頭がいい) などがその例である。

 形容詞・副詞が as に先立つ場合には，*As* strange *as* it may sound, his story is based on his own experience. (奇妙に聞こえるかもしれないが，彼の話は自分の経験に基づいているものだ) や *As* much *as* I hate to admit it, but I am gaining weight these days. (自分で認めたくはないことだけれども，最近太りつつある) のように，as 〜 as の原級比較表現をそのまま応用するケースもある。

 名詞が as に先立つとき，Boy *as* he is のように節の先頭の名詞が無冠詞になるのは，その名詞が指す対象を個体として認識するよりも，その(目に見えない)典型的な性質をクローズアップする(つまり形容詞的に捉える)ためと考えられる。

 また，「対比」という解釈は，接続詞 as の明示的な意味というよりも，むしろ as 節とそれに前後する節の関係から浮上する論理である。その節同士の関係によっては「対比」以外の解釈の可能性もあり得る。そのことを示すものとして，Living *as* she does in the heart of the city, she prefers using public transportation rather than driving her own car. (彼女は都心で暮らしているので，自家用車を運転するよりも電車やバスを使うことを好む) のような例がある。こ

こでは as 節を「(実際に)〜ので」と解釈するのがより自然である。この解釈は as 節の内部で決まるものではなく，後続節との論理的なつながりから判断される。句読法については，Living, *as* she does, in the heart of the city とするケースも多く見られる。この点をも考慮すれば，この種の例は分詞構文の応用とみなすことも可能であろう。

しかし，この as には Try *as* you may, you'll never be able to beat me. (どれだけ頑張ろうとも，お前は俺には決して勝てないさ) のように動詞が先行する例もある。この as 節は，No matter how hard you may try, ... という譲歩の副詞節と表現する事態は似ている．

Try as you may という表現の特徴は，命令法のように原形で切り出す語り方にある。Try (やってごらん) as you may (そうして構わないから) のように捉えられるが，ここでも，as のコアに照らして見直してみれば，Try という原形が示す状況と，you may が示す状況をあえて並置することで，独特な慣用表現を生み出していると言えるであろう。

以上，as の多様な用法を，コアから見直してきた。品詞や用語に基づく分類を行うだけでは，as の用法をすっきり理解することなど思いもよらないはずである。しかし，それを as のコアから捉え直し，その天秤のようなイメージをもとに，何と何を併置しいるのかということをチェックしながら個々の用法に接していけば，やがては as のもつ空間的なイメージのようなものが獲得されるのではないか。

as は接続詞としては，実に多義的であるとされるが，when や because などと比較してみると，その論理的性格がいまひとつ明確さを欠いている。むしろ，二つの事象を対等に併置していると捉えたときに，as の多義性もすんなりと理解できてしまう。このことは，as は，論理を明示する接続詞というよりも，本来，二つの対

象を併置するという意味合いが強い語であるという可能性を示唆している。そして，そう捉えたときに，文法用語やそれに基づく分類に拘泥せずに，as をより柔軟に理解し使えるようになっていくように思われる。これも，コアにもとづくレキシカル・グラマーの効用の一つと言えるのではないだろうか。

あとがき

　本書の執筆中に文部科学省より新指導要領（高等学校編）(2008)が開示されました。その外国語（英語）の文法に関する項目では，「主語＋動詞＋補語」や「主語＋動詞＋目的語」といった文型の概念に関する記述そのものがなくなり，それに代わって「文構造のうち運用度の高いもの」を扱うという一文のみが付されております。「文型」から「構造」へのシフトは英文法の再編成において重要な一歩だと考えます。

　「はしがき」でもふれたとおり，文法をめぐる議論において特筆に値するのは，「文法はコミュニケーションを支えるもの」という文言が中高共通でみられることです。従来の学校文法は，コミュニケーションを支えるものとは言い難いものでしたが，その主な理由のひとつとして，文法用語に基づく分類的な説明はなされるものの，「なぜそう言うのか」という問いに対する答えが用意されていなかったという点があげられると思われます。

　本書で紹介したレキシカル・グラマーは，まさに英文法における「なぜ」に正面から徹底して挑んだものです。しかし，それは決して原理不在の主観的記述に終始するものではなく，コア（語の本質的な意味）が有する構文的可能性を説明原理とする新しい教育英文法のポテンシャルの探求の試みです。身体感覚的な動機づけをもつコアが文法のしくみを原理的に明らかにする助けとなるならば，そこに従来は想定され得なかったような文法の説明のし方，教え方，学び方が生じてくる可能性があるということを意味するのです。

　本書では，第Ⅰ部総論編において，コアと構文的可能性の相互関係に着目するレキシカル・グラマーの特徴とその説明原理となるコア理論を概説紹介し，第Ⅱ部事例編では，その理論に依拠しつつ，従来の英文法の記述・説明のし方から生じる素朴な疑問や，一見矛

盾がなさそうでなかなか一筋縄ではいかない問題などに特に焦点をあてて，レキシカル・グラマーでは，それらをどのように乗り越えることができるのかという観点から記述を行っています。

このレキシカル・グラマーのメリットを要言すれば，おそらく以下のようなものでしょう。まず，文法項目に含まれる語や語形のコアから発想していくために，文法用語に過度に依存する必要がなくなり，その結果，機械的な分類作業から解放される。コアに基づいて複数の構文を相互に関連づけられることから，意味的な動機づけをもつ構文ネットワークを形成することが可能となる。「基本語を（コアに基づいて）使い切る力」を土台として「文法力」を築き上げることにより，英語のラングイッジ・リソーシーズを有機的に洗練させることができる。類義の異なる構文を，コアを明確な根拠として使い分けることができるようになる。さらに，「なぜそう表現するのか」という awareness（気づき）の積み重ねが，表現活動に確固たる動機づけとリアリティーを与え，英語を学ぶだけでなく使うことへの意欲を促進することにもつながっていく。

このような資質をそなえたレキシカル・グラマーは，英語コミュニケーション能力に資する教育英文法を再編成していく際に，必要不可欠なものとなると確信しております。とは言え，無論，レキシカル・グラマーで文法のすべてを網羅できると主張するものではありません。英文法の全体を構想するにあたっては，規則の文法やチャンキングの文法（構文も含む情報配列のし方）等も考慮されなくてはならないからです。それらをも考慮した上で総合的な視点から文法を再編成していったときにはじめて，より緻密な英文法の体系化が可能となると思われます（その試みとしては，『文法がわかれば英語はわかる』（NHK出版）を参照してください）。

英語コミュニケーション能力の向上に資する教育英文法の再編という長期展望からみれば，本書の試みは最初の一歩に過ぎないかもしれません。がしかし，「なるほど」という気づきを与え，「よし，使ってみよう！」という表現活動を促すような英文法の展望を描く

きっかけとしては，意義ある足跡となり得るのではないかと思っております。読者の皆様からのご意見やご批判にも真摯に耳を傾けながら，このレキシカル・グラマーをより一層洗練させていきたいと念願しております。

なお，本書のイラストの一部は，『E ゲイト英和辞典』(ベネッセ・コーポレーション) から転載させて頂きました。また，その他数点のイラストの意匠については，『文法がわかれば英語はわかる』(NHK 出版) を参考にさせて頂きました。ここに感謝の意をこめて記す次第です。

本書の教育的・学問的潜在性を発掘され，開拓社の言語・文化選書シリーズの一角にその位置づけを与えてくださった編集部川田賢さんに心より御礼を申し上げます。川田さんには，本書の作成過程においても終始的確なご指摘を賜りました。重ねて感謝申し上げるものです。

本書が，英語教育，英語学習に興味をもつ多くの方々の目にふれ，新しい教育英文法を求める声が澎湃と湧き上がることを切に念願いたしております。

平成 21 年 1 月

著　者

参考文献

Bolinger, D. (1977) *Meaning and Form*, Longman, London.
Goldberg, A. (1995) *Constructions: A Construction Grammar Approach to Argument Structure*, University of Chicago Press, Chicago.
Johnson, M. (1987) *The Body in the Mind*, University of Chicago Press, Chicago.
Lakoff, G. (1987) *Women, Fire, and Dangerous Things*, University of Chicago Press, Chicago.
Langacker, R. (1982) "Space Grammar, Analysability, and the English Passive," *Language* 58, 22-80.
Langacker, R. (1987) *Foundation of Cognitive Grammar* (*Vols. I & II*), Stanford University Press, Stanford.
Miller, G. and P. Johnson-Laird (1976) *Language and Perception*, Harvard University Press, Cambridge, Mass.
白井恭弘 (2008)『外国語学習の科学——第二言語習得論とは何か』岩波書店, 東京.
Sweetser, E. (1990) *From Etymology to Pragmatics*, Cambridge University Press, Cambridge.
田中茂範(編著) (1987)『基本動詞の意味論: コアとプロトタイプ』三友社, 東京.
田中茂範 (1990)『認知意味論: 英語動詞の多義の構造』三友社, 東京.
田中茂範 (2008)『NHK 新感覚☆文法がわかれば英語はわかる』NHK 出版, 東京.
田中茂範・深谷昌弘 (1998)『意味づけ論の展開』紀伊國屋書店, 東京.
田中茂範・武田修二・川出才紀(編) (2003)『E ゲイト英和辞典』ベネッセ・コーポレーション, 東京.
田中茂範・アレン玉井光江・根岸雅史・吉田研作(編著) (2005)『幼児から成人まで一貫した英語教育のための枠組み』リーベル出版, 東京.
田中茂範・佐藤芳明・阿部一 (2006)『英語感覚が身につく実践的指導』大修館書店, 東京.

Wierzbicka, A. (1988) *The Semantics of Grammar*, John Benjamins, Amsterdam.

柳瀬陽介 (2006)『第二言語コミュニケーション力に関する理論的考察』渓水社, 東京.

索　引

1. 数字はページ数を表す。～は見出し語を代用する。
2. あいうえお順で示し，英語で始まるものは ABC 順で最後に一括してある。

[あ行]

アスペクト　31
受身(形)　23, 32, 63, 200
意味上の主語　179

[か行]

概念形成 (concept formation)　8
学習可能性 (learnability)　5
学習環境　3
過去・単純形　28
過去テンス　31
過去分詞　22, 201
学校英文法　3, 6
仮定法　159, 162, 177
仮定法現在　151, 157
関係詞　100, 133
関係副詞　107
冠詞
　　定～ (definite article)　113
　　不定～ (indefinite article)　113
　　ゼロ～　114, 119
感情表現　200
間接疑問　100, 105, 110

間接目的語　7, 38
完了形　31
完了進行形　33
完了受身形　33
機能表現力　10
疑問詞　100
「義務」に関連する表現　148
空間詞　197
教育英文法　5
教育的健全さ (pedagogical soundness)　5
強調構文　137
形式目的語構文　131
形式主語構文　131, 137, 183
形容詞　64
　　It is ～ for 人 to do　191
　　It is ～ of 人 to do　191
原形不定詞 (do)　58
現在・完了　28
現在テンス　31
現在分詞　22, 88
コア (lexical core meaning)　11
　　～理論　14
　　a の～　114
　　about の～　199, 202, 203

asの～　205
atの～　202
beの～　20, 60
breakの～　13
byの～　201, 202
canの～　142
forの～　179
getの～　72
giveの～　36
haveの～　26, 53
inの～　197
itの～　126
lookの～　68
makeの～　48
mayの～　144
mustの～　146
ofの～　185, 203
onの～　198
shallの～　152
shouldの～　154
stayの～　65
thatの～　125
theの～　120
toの～　76
turnの～　66
willの～　166
withの～　192, 202
語彙力　10
行動主義(行動科学)　8
コミュニケーション活動　2
固有名詞　116

[さ行]

指示的共有　120
指導可能性 (teachability)　5
使役　47, 51, 56, 58
集合名詞　116
譲歩　110, 146, 215
受動態(受身)　32
使用可能性 (usability)　5
常識的共有　120
助動詞　4, 15, 19, 24, 29, 139, 174
　can　142
　may　144
　must　146
　shall　152
　should　149, 150
　will　164
　would　174
　ought to　149
　used to　174
　have to　82, 148
　be able to　143
　「～」のBE　24
　「～」のHAVE　29
進行形　23, 31, 32
身体 (body)　8
身体図式 (image schema)　9
身体性 (embodiment)　9
推量(助動詞)
　can　144
　may　144
　must　147
　should　158, 162
　will　167

would 176
制限用法 107
接続詞
  as 210
  for 184
  if [whether] 109
  that 136
先行詞 104, 108
前置詞 59, 71, 76, 98, 179, 197
  感情表現でよく使う〜 200
  about 199, 202, 203
  as 209
  at 202
  by 201, 202
  for 179
  in 197
  on 198
  of 185, 203
  to 76
  with 192, 202

[た行]

対象（目的語） 50
第二言語習得（SLA） 2
タスク 2
タスク・ハンドリング（task handling） 9
単一化 114, 119
単純形 31
単純未来 164
小さな節 39, 41, 44, 51
知覚（perception） 8
知覚動詞 57

抽象名詞 116
直接目的語 7, 38
テンス 30
動詞
  〜チャンク 32
  開始・継続・終了を示す〜 96
  基本〜の意味 12
  使役〜 57
  知覚〜 57
  appear 68
  begin 96, 99
  come 66
  continue 96, 99
  cost 43
  feel 68
  get 69, 71
  give 35
  go 66
  keep 69, 99
  lie 65
  look 68
  make 48
  prove 69
  remain 65
  rob 187
  save 43
  say 45
  seem 68
  smell 68
  sound 68
  start 96, 99
  stay 65
  steal 188
  stop 96, 99

taste 68
tell 44
turn 66
動名詞 93
時・条件の副詞節 171

[な行]

二重目的語 38
認知言語学 8
認知的スタンス (cognitive stance) 8

[は行]

場所の副詞情報 62
比較構文 as ... as 206
非制限用法 107
複合関係詞 109
複数形 114
付帯状況 98, 194
普通名詞 115
物質名詞 116
文型 6, 59, 71
　第1～ 61, 65, 67
　第2～ 61, 65, 67
　第2～の用法をもつ動詞群 63
　第3～ 35, 49, 59
　第4～ 35, 42, 45, 51, 74
　第5～ 51, 74
　小さな節 39, 41, 44, 51, 74
分詞構文 90
文法力 10
文脈的共有 121
法助動詞 (modal auxiliary verbs) 140
補語 7, 62
母語 (mother tongue) 2

[ま行]

未来 30
　～形 30, 167
　～時制 167
　～の仮定 150
　～表現 171
　意志～ 164, 173
　単純～ 164, 173
名詞 12
　～形とその使い分け 122
　固有～ 116
　集合～ 116
　抽象～ 116
　普通～ 115
　物質～ 116
目的語 7
　間接～ 7, 38
　直接～ 7, 38
　二重～ 38, 42, 45

[ら行]

ラングイッジ・リソーシーズ (language resources) 9

[英語]

A
　～のコア機能　114
　～の使用原理：対象の認知　113
　～の使用をあえて控える場合
　　　119
AS
　～のコア　205
　～の接続詞用法　210
　「事由」を示す～　213
　前置詞の～　209
　相関的に用いる～　208
　「対比」の～　213
　「同時」の～　211
　「同様」の～　211
　「同様」の～の応用　212
　as ... as の成句　208
BE　14
　～のコア　20, 60
　～状況　39, 51, 74
　～の構文ネットワーク　60
　～ to 構文　63, 83
　「助動詞」の～　24
Bolinger　14
CAN
　～のコア　141, 142
　～と be able to の相違　143
　「推量」を示す～の用法　144
GET
　～のコア　72
　～の構文　74
GIVE のコアと構文展開　35
FOR
　～のコア　179
　「関係の対象を指して」の～
　　　182
　「時間の流れを指して」の～
　　　181
　接続詞の～　184
　「判断の観点となる対象を指し
　　て」の～　183
　「目標となる対象を指して」の～
　　　180
HAVE
　～のコア　26, 53
　～＋TO DO　82, 148
　～空間　26, 27, 28, 36, 53, 54,
　　　55
　～状況　39, 41, 42, 44, 45, 51,
　　　74
　～の構文ネットワーク　53
　「助動詞」の～　29
information processing（情報処
　理）　8
ING
　～の基本的なイメージ　86
　現在分詞　22, 85
　現在分詞の形容詞的用法　88
　進行形　23, 31, 32
　進行形とは異なる動機づけをも
　　つ後置修飾の～　89
　進行形とは異なる動機づけをも
　　つ分詞構文の～　92
　進行形とは異なる動機づけをも
　　つ前置修飾の～　90
　動名詞の～　93
　分詞構文　91

複合語で用いる動名詞の〜　94
IT
　　〜のコア機能　126
　　〜の用法　129
Johnson　9
language exposure（インプット）
　　3
language use（言語使用）　3
MAKE
　　〜のコア　48
　　〜の主な構文タイプ　48
　　「産物」がコトになる〜の構文
　　　50
　　使役の〜　51
MAY
　　〜のコアとその展開　144
　　「祈願・願望」の〜　146
　　「譲歩」の〜　146
mental representation（心的表象）
　　8
MUST のコアとその展開　146
OF
　　〜のコア　184
　　意味関係を示す〜　188
　　「所有」「関連」を表す"〜人"
　　　186
　　「〜から出て」が強調される〜
　　　186
　　「〜に属して」が強調される〜
　　　185
semantic motivation（意味的動機
　　づけ）　8
SHALL　152
SHOULD　150
　　〜のコアとその展開　154
　　〜 have done の解釈の幅　162
　　〜 have done の用法　161
　　「意外性」の〜　160
　　感情の〜　151, 160
　　「推量」の〜　158
　　条件節で用いる〜　159
　　「提案・助言」「義務」の〜　155
　　「用心」の〜　160
　　that 節で未然の行為を促す〜
　　　155
Sweetser　144
THAT
　　〜のコア機能　125
　　関係詞〜　133
　　指示詞の〜　132
　　接続詞〜　136
　　節を導く〜　133
　　THIS と〜　126
THE のコア機能　120
TO DO
　　〜の一貫した意味　76
　　形容詞的用法の〜　79
　　副詞的用法の〜　79
　　名詞的用法の〜　78
　　「感情の原因」を示す〜　81
　　「結果」を示す〜　80
　　「判断の根拠」を示す〜　81
　　「目的」を示す〜　80
　　HAVE ＋〜　82
WH- 系語彙項目　100
　　WH- 節のはたらき　111
　　「先行詞のない」関係代名詞
　　　WHAT　101

「何か（わからないこと）」の
　　WHAT　104
　how　108
　whatever　111
　when　107
　whether [if]　109
　which　101, 106, 107
　who　100, 101, 106
　why　108
WILL
　～のコア　166
　～の意味展開　167
　～の不確定性　169
　「～＝未来」が正しくない理由
　　166
　擬人的な意志を表す～　170
　「推量」の～　170
WITH
　～のコア　192
　「状況を伴って」の～　194
　「何かでもって」の～　193
　「何かとともに（ある）」の～
　　192
WOULD　174
　「過去からの推量」の～　176
　「過去の習慣」の～　175
　仮想状況における～　177
　「拒絶」の～　176
　現在の文脈で使う～　177

佐藤　芳明　（さとう　よしあき）

ココネ言語教育研究所シニア研究員。慶應義塾大学SFC研究所にて田中茂範教授に師事し、認知言語学、語彙意味論、教育英文法を専門に研究。主な編著書に、『イメージでわかる単語帳』（NHK出版）、『新・英単語総合学習システム MEW—Map your English Words—Exercise Book Core 500』（いいずな書店）、『多文化共生時代の英語教育』（いいずな書店、2017年7月刊行予定）など。

田中　茂範　（たなかしげのり）

慶應義塾大学教授。コロンビア大学大学院博士課程終了（Ed. D）。専門は応用言語学（認知意味論、言語習得）。主な編著書に、『〈意味づけ論〉の展開——状況編成・コトバ・会話』（紀伊國屋書店）、『表現英文法 Grammar for Expression［増補改訂第2版］』（コスモピア）、『英語を使いこなすための実践的学習法：my English のすすめ』（大修館書店）など。

レキシカル・グラマーへの招待
——新しい教育英文法の可能性——

〈開拓社 言語・文化選書 9〉

2009年 3月24日	第1版第1刷発行
2017年 6月24日	第3刷発行

著作者　佐藤芳明・田中茂範
発行者　武村哲司
印刷所　日之出印刷株式会社

発行所　株式会社　開拓社

〒113-0023 東京都文京区向丘 1-5-2
電話　(03) 5842-8900（代表）
振替　00160-8-39587
http://www.kaitakusha.co.jp

© 2009 Y. Sato and S. Tanaka　　ISBN978-4-7589-2509-9　C1382

JCOPY　〈(社)出版者著作権管理機構　委託出版物〉
本書の無断複写は著作権法上での例外を除き禁じられています。複写される場合は、そのつど事前に、(社)出版者著作権管理機構（電話 03-3513-6969、FAX 03-3513-6979、e-mail: info@jcopy.or.jp）の許諾を受けてください。